Evokationen für Anfänger

Geschichte, Erlebnisse, Analysen und Methoden

Kontakt: www.HarryEilenstein.de / Harry.Eilenstein@web.de
Herstellung und Verlag: Books on Demand GmbH, Norderstedt
ISBN: 9783752899054

Inhaltsverzeichnis

I Was ist eine Evokation?

Evokationen sind vermutlich der Bereich der Magie, der für die meisten Menschen am gruseligsten ist – um Mitternacht an einem Kreuzweg Dämonen beschwören … oder noch Schlimmer: die Geister von Toten aus ihren Gräbern heraufzitieren!

Auch in der allgemein bekannten Literatur haben solche Beschwörungen keinen guten Ruf: So erscheint im „Herr der Ringe" Sauron als Nekromant, der die Geister von neun verstorbenen Königen beschworen hat, damit sie ihm als „Schwarze Reiter" dienen.

Eins ist sicher: Das ist Schwarze Magie!

Es lohnt sich jedoch (wie so gut wie bei allen Dingen), einmal genauer hinzuschauen, was eine solche Evokation eines Dämons oder eine solche Beschwörung eines Toten eigentlich ist.

Bei einer Evokation wird ein Wesen, das keinen eigenen Körper (mehr) hat, physisch sichtbar – optimalerweise hat es dabei die „Konsistenz dichter Dämpfe", wie Frater Thot, mein früherer Kollege in der Magie-Forschung, dies treffend beschrieben hat.

Was ist daran schlimm, daß man ein Wesen sehen will, das keinen eigenen Körper hat? Und daß man evtl. mit ihm reden will?

Wenn man natürlich davon ausgeht, daß der Preis für die Hilfe, die man von dem Dämon oder dem Toten erlangen will, die eigene Seele ist, ist die Angelegenheit natürlich mehr als heikel. Es stellt sich allerdings die Frage, ob es überhaupt möglich ist, die eigene Seele zu verlieren – steht sie mit ihren Fähigkeiten nicht mit großer Wahrscheinlichkeit über allem, was wir Menschen so anstellen können?

In den Vorstellungen über Dämonen-Beschwörungen ist es in der Regel der Teufel selber, dem man seine Seele verkauft – gegen Macht, irdische Reichtümer u.ä. Daraus ergibt sich der begründete Anfangsverdacht, daß der schlechte Ruf der Beschwörungen etwas mit der christlichen Kirche zu tun hat – schließlich gehört der Teufel zu der christlichen Mythologie.

Dieser Zusammenhang legt nahe, auch die Beschwörungen von Geistern in anderen Kulturen einmal genauer zu betrachten sowie das Verhältnis von Evokationen zu anderen magisch-spirituellen Methoden.

II   Das Umfeld der Evokation

Wenn man einmal genauer hinschaut, kann man feststellen, daß die Evokation ein recht großes Umfeld von ähnlichen Methoden hat, die teilweise einen ganz anderen Ruf haben als die Dämonen-Beschwörungen.

II 1.   Evokation und Traumreise

Was ist das Wesentliche an einer Evokation? Warum führt man eine Evokation durch? In der Regel, um einem Geist zu begegnen, mit ihm zu sprechen und von ihm etwas zu erhalten – in der Regel einen Rat, eine Hilfe, eine Gestaltung von Lebensumständen u.ä.

Wenn man eine Traumreise mit einer Evokation vergleicht, zeigt sich, daß beides eigentlich sehr ähnlich ist: Auch bei der Traumreise begegnet man verschiedenen nicht-materiellen Wesen, von denen man Rat und Hilfe erhalten kann.

Der Unterschied zwischen einer Evokation und einer Traumreise ist im Wesentlichen, daß man bei der Evokation den Geist herbeiruft und er in der äußeren materiellen Welt erscheint, während man bei der Traumreise zu dem Geist geht und ihn in der inneren Bewußtseins-Welt sieht.

Beides sind Begegnungen mit einem Geist und bei beiden Methoden sucht der Traumreisende in den meisten Fällen Rat und Hilfe bei dem Geist. Der Unterschied ist nur der Ort, an dem man sich trifft – und der sehr unterschiedliche Ruf der beiden Methoden …

II 2.   Evokation und Vision

Bei einer Evokation lädt man den Geist ein, zu einem zu kommen – aber es geht auch andersherum, d.h. der Geist kann auch beschließen, den Menschen besuchen zu kommen. Und dann gibt es noch die Fälle, in denen sich beide einfach mehr oder weniger zufällig begegnen.

Den von einem selber unbeabsichtigten Besuch eines Geistes würde man vermutlich „Vision" nennen. Dabei sieht man den Geist als Teil der Wahrnehmung der äußeren Welt – das Bild des Geistes wird in die optischen Wahrnehmung integriert. Man hat dann eine kombinierte Wahrnehmung aus einem äußeren und einem inneren Bild.

Ein Psychologe würde so etwas vermutlich als Psychose bezeichnen und eine

Therapie empfehlen – aber es macht einen großen Unterschied, ob man den Anteil der inneren Bilder in den äußeren Bildern klar erkennen kann oder ob man das gesamte äußere/innere Bild für die äußere Realität hält. Nur in dem zweiten Fall wird es Probleme geben – in dem ersten Fall können die „zusätzlichen inneren Bilder" durchaus eine Bereicherung sein.

Eine Vision ist folglich eine mittelalterliche Form der „augmented Reality" …

Genau genommen kann man eine Evokation als eine „absichtlich herbeigeführte Vision" bezeichnen. Man sieht einen Geist, man spricht mit ihm und man erhält evtl. Rat und Hilfe von ihm – das ist genau dasselbe wie auch bei einer Vision.

Da man bei einer Traumreise (nur innere Bilder) und bei einer Vision (Integration eines inneren Bildes in die äußeren Bilder) nicht nur etwas sieht und hört, sondern auch riechen, tasten, schmecken und Temperaturen empfinden kann, gibt es zwischen beiden Wahrnehmungsarten keinen prinzipiellen Unterschied – beides kann gleich „echt" wirken.

Beides ist auch tatsächlich gleich „echt" – beides hat eine innere Realität, beides ist im Bereich Bewußtseins real – und kann auch im Außen eine Wirkung haben.

II 3. Evokation und Medium

Es ist nicht so ganz einfach, ein inneres Bild auch im Außen zu sehen – was auch ganz gut so ist, da dadurch das Bild der äußeren Wirklichkeit stabil bleibt.

Da es jedoch immer wieder Versuche gegeben hat, mit Geistern Kontakt aufzunehmen, hat man nach Möglichkeiten gesucht, wie man vom „Geister-Reich" ins „Menschen-Reich" Brücken bauen kann. Eine dieser Methoden ist das Medium.

In manchen Fällen versetzt sich das Medium selber in einen „empfänglichen Zustand", in der ein Geist durch das Medium sprechen kann – in anderen Fällen versetzt ein Hypnotiseur/Magier das Medium in diesen Zustand. Es gibt Medien, die während ihrer Trance alles bewußt miterleben, was sie sagen und evtl. auch tun – andere Medien sind während ihrer Trance wie ein Hypnotisierter ohne Wachbewußtsein und folglich auch ohne Erinnerung, d.h. sie wissen anschließend an ihre Trance nicht, was sie gesagt und evtl. getan haben.

Die Aufgabe des Hypnotiseurs/Magiers ist in diesem Zusammenhang, das Wachbewußtsein des Mediums „auszuschalten".

Bei einem Medium manifestiert sich der gerufene Geist also nicht außerhalb der beteiligten Menschen als Bild und Worte im Raum, sondern durch die Worte und Taten des Mediums.

II 4.   Evokation und Jenseitsreise

Wenn der Geist, der gerufen werden soll, ein Verstorbener ist, kann man auch eine Jenseitsreise unternehmen und den Geist sozusagen an seinem neuen „Wohnort" besuchen gehen.

Solch eine Jenseitsreise kann eine einfache Traumreise sein, aber auch eine Astralreise, bei der derjenige, der den Geist ruft, seinen Körper verläßt und ins Jenseits reist. In der Regel wird es sich jedoch um eine Traumreise handeln und nicht um ein Erlebnis ähnlich wie bei einem Nahtod.

II 5.   Evokation und Marien-Erscheinungen

Im Christentum ist schon über viele Marien-Erscheinungen berichtet worden – deutlich seltener auch über die Erscheinung anderer Heiliger. Dabei ist Maria manchmal auch von größeren Gruppen von Menschen gleichzeitig gesehen worden. Ähnliche Phänomene gibt es auch in anderen Religionen.

Wenn man möchte, kann man eine Marien-Erscheinung als eine Spontan-Evokation der Maria bezeichnen – oder als eine Vision.

Bei dieser Art von Phänomen stellt sich die Frage nach der Realität des Phänomens:

- Findet es nur in der Psyche des Visionärs statt?

Dagegen sprechen die Visionen, die mehrere Menschen gleichzeitig haben. Die Minimal-Annahme ist in diesem Fall, daß diese Visionärs-Gruppe telepathisch eng gekoppelt ist – ähnlich wie bei einer gemeinsamen Traumreise von mehreren Personen.

- Findet dieses Phänomen nur in den telepathisch koordinierten Psychen der Visionärs-Gruppe statt?

Wenn das visionär gesehene Wesen z.B. eine Heilung zusagt und diese auch eintritt, muß man zumindestens von einer Art Telekinese oder von einer großen Macht des Bewußtseins des Kranken über seinen Körper ausgehen. In beiden Fällen ergibt sich, daß die Visonärs-Gruppe insgesamt eine große gestalterische Macht hat.

Wenn mehrere 10.000 Menschen gleichzeitig die Erscheinung sehen, ist die Vorstellung einer telepathisch koordinierten Menschengruppe zwar immer noch denkbar, aber man sollte annehmen, daß etwas, was mehr als 10.000 Menschen gleichzeitig telepathisch wahrnehmen, eine Form der Eigenständigkeit erlangt, die mehr als nur eine gemeinsame Vision ist …

- Wie real ist das erschienene Wesen?

In mehreren Fällen ist die Marien-Erscheinung fotografiert worden. Die Erscheinung muß also tatsächlich im Außen existiert haben oder es muß eine gut koordinierte kollektive Telekinese das Bild, das alle gesehen haben, auch auf den Film in dem Fotoapparat übertragen haben.

Falls das visionär gesehene Wesen etwas vollbringt, was außerhalb des Menschen liegt (also etwas anderes als eine Heilung) wie z.B. ein Gegenstand, der sich materialisiert oder verändert, gibt es immer noch die beiden Deutungen, daß dies (bei einer Marien-Erscheinung) von Maria bewirkt worden ist oder daß dies durch kollektive Telekinese, die der Materialisierung fähig ist, geschehen ist.

Diese beiden Modelle sind zwar noch immer verschieden, aber der Unterschied ist nicht mehr sehr groß. Er reduziert sich auf die Frage, ob in dem Beispiel Maria ein Bild in den Psychen der Menschen ist oder ob Maria eine eigenständige Existenz hat.

Das ist dieselbe Frage wie die nach der Natur des kollektiven Unterbewußtseins: Sind die Urbilder in dem kollektiven Unterbewußtsein nur der telepathische Zusammenschluß der Bilder in den Psychen der Menschen oder besitzen diese Urbilder eine Eigendynamik und eine eigenständige Existenz, d.h. sind sie Gottheiten im herkömmlichen Sinne?

Dieselbe Frage nach der Realität der Wesen, die als Vision erscheinen können, stellt sich auch der bei einer Evokation: Was sind diese beschworenen Geister? Die Antwort ist dieselbe wie bei den Marien-Erscheinungen: Sie sind Urbilder im kollektiven Unterbewußtsein und besitzen als solche die Fähigkeiten der Telepathie und der Telekinese … aber das Ausmaß ihrer Eigenständigkeit ist zunächst noch unklar.

II 6. Evokation und Totenkult

Bei dieser Betrachtung geht es weniger um die Frage nach der Realität der Wesen, die in der Evokation oder als Vision erscheinen können, sondern um die Frage, wie das Verhältnis der Menschen zu diesen Wesen ist.

Der Totenkult ist eigentlich eine irreführende Bezeichnung. In den früheren Kulturen zu der Zeit, als es noch keine Schulen und keine Krankenversicherungen, keine Bibliotheken und keine Pensionsansprüche gegeben hat, war die Familie der einzige Rückhalt des einzelnen Menschen – insbesondere die eigenen Eltern. Wenn die Eltern gestorben waren, hatte man natürlich das Bedürfnis, von ihnen weiterhin Rat und Hilfe zu erhalten. Also hat man Traumreisen zu ihnen unternommen, man hat Orakel erdacht, durch die man mit den Ahnen sprechen konnte, man hat ihnen Dankopfer dargebracht usw.

Das „innere Gespräch" mit den Verstorbenen, das auch eine richtige Traumreise werden konnte, war also etwas ausgesprochen Naheliegendes – sozusagen das natürliche Verhalten eines Menschen.

Es gibt hier noch einen interessanten Punkt, der damit sich darauf bezieht, welche Vorstellung man über die Seele und ihr Schicksal nach dem Tod hat. Wenn man bei einem Nahtod einmal eine Astralreise erlebt hat, also mit dem eigenen Lebenskraftkörper seinen materiellen Körpers verlassen hat, kann man zumindestens nicht mehr mit Sicherheit behaupten, daß die Menschen bei ihrem Tod zu existieren aufhören.

Das bedeutet, daß die Toten nach ihrem Tod möglicherweise als Seele (Astralkörper) weiterexistieren. Wenn man nun die Toten anruft und um Rat und Hilfe bittet – hat man dann nur mit der eigenen Erinnerung an diese Toten zu tun oder mit den Seelen dieser Toten?

Streng genommen kann man das nicht wirklich wissen – aber für alle pragmatischen Belange kann man so tun, als ob man mit den Seelen der Toten sprechen würde …

II 7. Evokation und Invokation

Der Unterschied zwischen diesen beiden magischen Methoden ist nicht besonders groß – oder sehr groß … je nachdem, ob man die Gemeinsamkeit oder den Unterschied der beiden Methoden für das Wichtigere hält.

Bei einer Evokation ruft man ein Geist-Wesen vor sich, um mit ihm zu sprechen – bei einer Invokation ruft man ein Geist-Wesen in sich hinein, um an seinen Eigenschaften und Fähigkeiten teilhaben zu können.

Beidem ist gemeinsam, daß man ein Geist-Wesen ruft, also ein Wesen ohne materiellen Leib, und daß dieses Wesen dann auch erscheint. Der Unterschied ist, daß man bei der Evokation eine Distanz zu diesem Wesen wahrt, während man sich bei der Invokation mit diesem Wesen vereint.

Die Frage nach der Realität des gerufenen Geist-Wesens ist in beiden Fällen dieselbe. Wenn es nur darum geht, ob diese beiden Methoden den gewünschten Erfolg bringen (also Rat und Hilfe), ist die Frage nach der Realität dieser Wesen zweitrangig.

II 8. Evokation und Poltergeist

Poltergeister zeigen sich durch Schritte auf der Treppe, Worte in der Nacht, diverse Geräusche und natürlich durch gelegentliches lautes Poltern. Manchmal treten in diesem Zusammenhang auch telekinetische Phänomene auf.

Poltergeister erscheinen fast ausschließlich in zwei Zusammenhängen: zum einen als Begleiterscheinung der schwierigen Pubertät eines Jugendlichen und zum anderen in sehr alten Gebäuden. Die „Pubertäts-Poltergeister" legen eine Deutung dieser Phänomene als unkontrollierte Telekinese des Pubertierenden, der innerlich einen großen Streß hat, nahe. Die „Schloß-Poltergeister" werden allgemein als „ruhelose Tote" gedeutet. In vielen Fällen lassen sie sich auch auf Menschen zurückführen, die Selbstmord begangen haben.

Das Poltern, also die „nicht physikalisch erzeugten Geräusche" sind offenbar ein telekinetisch erzeugtes Phänomen – entweder durch einen lebenden Menschen oder durch einen toten Menschen.

II 9. Evokation und Exorzismus

Der Exorzismus ist das Gegenstück zu einer Invokation bzw. die Therapie einer mißglückten Evokation, bei der der gerufene Geist den Magier übernommen hat, d.h. der den Magier sozusagen hypnotisiert hat. Der Magier, dessen Wachbewußtsein durch den Geist „ausgeschaltet" worden ist, wird von einem Geist „bewohnt", der die Position des Wachbewußtseins des Magiers übernommen hat.

Tatsächliche Besessenheiten durch einen Geist sind selten – eine labile Psyche, das Hervorbrechen eines verdrängten Bewußtseinsinhalt oder auch eine Psychose sind deutlich häufiger, was jedoch nicht heißt, daß es keine „echten" Besessenheiten gibt.

Die Besessenheit ist manchmal auch einfach ein gesteigerter Fall von Unselbständigkeit – dabei ist mit „Unselbständigkeit" gemeint, daß der Betreffende noch sehr stark von dem inneren Bild seines Vaters, seiner Mutter oder eines anderen Menschen geprägt ist und sich noch nicht wirklich von der eigenen „Familien-Tradition" frei gemacht hat. In extremen Fällen kann dies dann so aussehen, als würde ein Mensch plötzlich „wie sein Vater" werden und sich genau so verhalten – und zu anderen Zeiten aber wieder „er selber sein" und ganz „normal" sein.

Man sollte mit der Diagnose „Besessenheit" und der sich daraus ergebenden Therapie „Exorzismus" also lieber etwas vorsichtig und zurückhaltend sein.

II 10.   Evokation und Materialisation

Materialisationen sind eins der extremeren magischen Phänomene. Wenn man nicht schon einmal selber eine solche Materialisation erlebt hat, ist es eigentlich kaum vorstellbar, daß so etwas wirklich geschehen kann.

In der Kombination mit einer Evokation oder der Anrufung einer Gottheit ist solch eine Materialisation natürlich sehr beeindruckend. Sie zeigt auf jeden Fall, daß sowohl die Geister-Beschwörung als auch die Götter-Anrufung eine große Macht haben und viel bewirken können.

Über die Realität der Wesen, die man bei einer Evokation ruft und die dann erscheinen können, sagt die Materialisierung nicht viel aus – letztlich nur, daß man durch eine Evokation Phänomene auslösen kann, die das übliche, rein materielle Weltbild deutlich infrage stellen … was natürlich schon sehr viel ist …

II 11.   Evokation und Spiritus familiaris

Ein Spiritus familiaris ist ein Hausgeist, d.h. ein selber hergestellter Geist. Ein bewährtes Rezept dafür lautet:

- Man mische 2 Teile gelben Lehm mit einem Teil Bienenwachs, lasse die Mischung auf dem Ofen schmelzen und forme dann daraus den Leib des Geistes – z.B. einen Bären. In den Leib des Bären bohre man ein mindestens 5cm langes Loch.
- Man koche einen Absud (sehr starken, fast breiartigen Tee) aus Kamilleblüten und gebe einige Tropfen Aurum chloratum C200 (ein homöopathisches Mittel) hinzu.
- Dieses Gebräu fülle man in das Loch in dem Bären und verschließe das Loch mit einem Pfropfen des Lehm/Wachs-Gemisches.
- Nun gebe man dem Geist einen Namen und spreche ihn fortan mit diesem Namen an.
- Man halte den Bären in der einen Hand und lasse mit der anderen Hand Lebenskraft in diesen Geist fließen – die Elemente Erde, Wasser, Luft, Feuer und Licht.
- Man ergänze diese Kraft, wenn erwünscht, durch Blut, Menstruationsblut, Sperma u.ä. Lebenskraft-reiche Substanzen.
- Man bitte, wenn erwünscht, eine Gottheit (in diesem Fall eine Bärengottheit) um die Stärkung dieses Geistes.

Diesen Geist kann man dann aussenden, um bestimmte Aufgaben zu erfüllen – wobei bei der Auswahl dieser Aufgaben der Phantasie keine Grenzen gesetzt sind.

Dieser Hausgeist ist offensichtlich ein Geschöpf, das als Teil der Psyche des Magiers erschaffen worden ist – oder aus der Substanz (Lebenskraft) der Psyche des Magiers heraus geformt worden ist. Zu einem solchen Hausgeist entwickelt man ein ähnliches Verhältnis wie zu einem Haustier – nur daß der Hausgeist dazu neigt, eigenständiger zu werden. Das führt schließlich dazu, daß man ihn wieder auflösen muß – was man als Selbstamputation erleben kann …

Solch einen Hausgeist kann man ohne große Evokations-Rituale mit den verschiedensten Aufgaben losschicken – er ist ja offensichtlich eng mit der eigenen Psyche verbunden.

II 12. Evokation und Schwarze Magie

Evokationen werden oft der Schwarzen Magie zugerechnet. Das ist jedoch keine besonders sachliche Einordnung.

Die Frage, ob eine magische Handlung „schwarz" oder „weiß" ist, hängt nicht von der verwendeten Technik ab, sondern von der Motivation. Und selbst die Motivation eines Menschen kann noch unterschiedlich bewertet werden – je nach den Wertmaßstäben des Bewertenden.

Ist das Anrufen des verstorbenen Vaters um Hilfe in einer großen Krise Schwarze Magie? Oder ist das Herbeirufen eines Mars-Geistes, der einem bei der Verteidigung des eigenen Lebens und der eigenen Familie helfen soll, Schwarze Magie?

Zudem gibt es nur sehr selten „nur gute Menschen" oder „nur böse Menschen". Der Regelfall sind die „gut/böse-gemischten Menschen", die nur eine begrenzte Selbsterkenntnis und auch nur einen begrenzten Überblick und eine begrenzte Handlungsfähigkeit haben. Daher gibt es fast nirgendwo Weiße Magie und Schwarze Magie, sondern fast nur verschiedene Schattierungen von Grauer Magie …

Es ist also zu empfehlen, zu schauen, was jemand warum tut – und dann evtl. zu prüfen, ob er eine klare Motivation hat und ob er wirklich das effektivste Vorgehen gewählt hat …

Das gilt auch für das eigene Handeln – und für die eigenen Evokationen.

III Die Wurzeln der Evokation

Die Beschwörung von Geistern, insbesondere die Beschwörung von Totengeistern hat eine lange Tradition. Es ist daher sinnvoll, sich einmal die Wurzeln der Evokation genauer anzuschauen.

III 1. Totenkult

Am wichtigsten ist sicherlich der Totenkult. Die Lebenden hatten das Bedürfnis, weiterhin Rat und Hilfe von ihren verstorbenen Eltern zu erhalten und suchten daher nach Möglichkeiten, auch nach deren Tod noch Kontakt zu ihnen zu erhalten.

Dazu ging man naheliegenderweise an das Grab des Toten, mit dem man sprechen wollte. In manchen Kulturen wie z.B. bei den früheren Chinesen hat man daher den Totenschrein gleich im Haus aufgebaut oder zumindestens gleich neben dem Haus – damit die Toten immer in der Nähe waren …

Man suchte auf vielerlei Arten den Kontakt zu den Toten möglichst intensiv herzustellen. So ist es bis ins Mittelalter hinein üblich gewesen, aus dem Totenschädel des Verstorbenen zu trinken, um mit ihm verbunden zu bleiben.

Im Christentum war das Trinken aus den Totenschädeln der Heiligen weit verbreitet. Da die Heiligen bestimmte Aufgabenbereiche hatten, konnte man je nach dem Anliegen zu der Kirche wallfahren, wo der Schädel des betreffenden Heiligen aufbewahrt wurde, um dann aus ihm zu trinken.

Ganz ähnliche Bräuche sind auch von den Buddhisten in Tibet bekannt. Die ältesten Totenschädel-Trinkgefäße, die bekannt sind, stammen aus der Jungsteinzeit in Großbritannien – wobei natürlich nicht bekannt ist, welche Vorstellung die Menschen damals beim Trinken aus diesen Totenschädeln gehabt haben.

Dieser Brauch gehört genau genommen nicht zu den Evokationen, sondern zu den Invokationen, da die Menschen durch dieses Trinken die Eigenschaften des Heiligen in sich aufnehmen wollten.

Das Trinken von Christi Blut beim Abendmahl ist eine sehr ähnliche Symbolik … Sie findet sich auch bei vielen Naturvölkern, die z.B. durch das Trinken des Blutes des gerade erlegten Bären die Kraft dieses Bären in sich aufnehmen wollen.

Diese Trink-Traditionen verdeutlichen das Verhältnis der Menschen zu den Toten im Mittelalter und in noch früheren Zeiten – der Tod war kein Tabu, sondern etwas, mit dem man ganz selbstverständlich und pragmatisch umging und den man auch in die Magie mit einbezog.

Eine Totenbeschwörung ist also im Mittelalter nichts derart Unheimliches wie heute gewesen, wo die meisten Menschen kein sonderlich entspanntes Verhältnis zum Tod haben.

Der Kannibalismus ist eine ähnliche Tradition: Durch das Verspeisen des Toten bewahrte man dessen Kraft in der Sippe. Diesen Brauch hat es einst z.B. auch bei den Indogermanen (Skythen u.a.) und bei den frühen Ägyptern gegeben.

III 2.   Nekromantie

„Nekromantie" bedeutet „Wahrsagen mithilfe von Toten". Im allgemeinen werden auch die Totenbeschwörungen „Nekromantie" genannt – ganz einfach, weil man die Toten beschwor, um von ihnen etwas über die Zukunft, über ein sinnvolles Verhalten u.ä. zu erfahren. Das Beschwören der Toten war also eine ganz normale Orakel-Methode – so wie heute die Tarotkarten, das I Ging oder die Astrologie.

III 3.   Spiritismus

Der Spiritismus ist eine Orakel-Methode, die auf die Tradition der Totenbeschwörungen zurückgeht.

Dabei wird entweder ein Medium benutzt, durch das der Tote spricht, oder ein Quija-Brett, also ein Brett, auf dem das Alphabet, die Zahlen von 0 bis 9 sowie „ja" und „nein" geschrieben stehen. Durch verschiedene Methoden werden durch die Teilnehmenden nun nacheinander Buchstaben und Zahlen ausgewählt, die dann die Antworten der Toten darstellen.

Die gängige Methode ist das Gläserrücken: Auf dem Brett steht ein Glas mit seiner Öffnung nach unten. Alle Anwesenden legen einen Finger auf dieses Glas. Durch die unbewußten Bewegungen der Arme bewegt sich dann das Glas auf dem Brett umher. Man kann diese Methode als ein „kollektives Pendeln" auffassen. Auf diese Weise können auch telepathisch Informationen beschafft werden, die keinem der Teilnehmer bekannt sind – und ebenso „sinnvolle Zufälle" hervorgerufen werden.

Bei spiritistischen Sitzungen kommen des öfteren telekinetische Phänomene oder Materialisationen vor.

Der Unterschied zu der Evokation besteht vor allem darin, daß das Gespräch mit den Toten im Spiritismus technisiert worden ist – aber die magischen Begleiterscheinungen sind dieselben wie bei der Evokation: Telepathie, Telekinese und Materialisierungen.

III 4. Utiseta und Totenbeschwörungen

Die abendländische Evokation hat nicht nur christliche Wurzeln. Die Germanen baten so häufig ihre Ahnen um Rat und Hilfe, daß es dafür einen festen Begriff gegeben hat: „Utiseta", d.h. „Draußensitzen". Man rief die Toten aus ihren Gräbern bzw. Hügelgräbern hervor und sprach dann mit ihnen.

Auch die Kelten, die Slawen, die Römer und die Griechen hatten ähnliche Traditionen.

Die Totenbeschwörungen lassen sich bis in die frühe Jungsteinzeit zurückverfolgen.

Man errichtete damals über dem Grab einen Hügel aus Reisig oder aus Steinen und Erde, der den Bauch der Erde darstellte, die mit dem Toten schwanger war, den sie dann im Jenseits wiedergebar. Diese Hügelgräber entsprachen der Schwitzhütte, die seit der Altsteinzeit in Gebrauch war und ebenfalls den Bauch der Großen Mutter dargestellt hat.

Um mit den Toten Kontakt aufzunehmen, setzte man sich auf deren Hügelgrab. Daraus sind vielfältige Traditionen entstanden:

- Die Seherinnen und Seher der Germanen setzten sich auf ein Podest, wenn sie Kontakt zu den Ahnen herstellen und von ihnen die Zukunft erfahren wollten.

- Die Druiden der Kelten setzten sich auf ein Geflecht aus Ebereschen-Zweigen, wenn sie die Verbindung zu den Göttern und den Ahnen suchten.

- Die Inder setzten sich zum Meditieren (das von der Jenseitsreise abgeleitet worden ist) auf einen mit einem Fell bedeckten Felsen. Die Götter der Inder sitzen stattdessen auf einer Lotusblüte.

- Die Schamanen von Harrappa und Mohenjo Daro in West-Indien setzten sich zur Jenseitsreise ebenfalls auf ein Podest.

- Die Sem-Priester (Schamanen) der Ägypter setzten sich auf einen flachen Tisch, wenn sie bei der Bestattung in das Jenseits reisten, um die Seele des Verstorbenen in seine Statue zu holen, damit sie bei ihren Nachkommen war.

Von diesem sehr alten Brauch ist in den mittelalterlichen Evokations-Tradition nichts mehr übriggeblieben.

III 5.   Familienaufstellungen

Eine moderne Variante der Totenbeschwörung ist die Familienaufstellung, die aus dem Totenkult in Südafrika übernommen worden ist.

In dieser magisch-psychologischen Methode übernimmt ein Teil der Teilnehmer die Rolle eines „bewußten Mediums".

Derjenige, der eine Frage mithilfe einer Aufstellung klären will, trägt diese Frage kurz vor. Dann schaut der Leiter, welche Personen für diese Frage eine Bedeutung haben: z.B. der Aufstellende, sein Vater, seine Schwester usw. Dann fragt der Leiter, wer welche dieser Personen darstellen will. Wenn alle Rollen besetzt sind, stellen sich die Darsteller auf eine dazu bestimmte Fläche (ein großer Teppich, die Zimmermitte o.ä.).

Nun bewegen sich die Darsteller, die so gut wie nichts über die Person wissen, die sie darstellen, intuitiv im Raum und sagen ab und zu auch etwas. Dabei treffen sie genau den Charakter der von ihnen dargestellten Person, obwohl sie nichts von ihnen wissen – sie „channeln" diese Person. Sie sind dann z.B. spontan genauso cholerisch wie der Großvater und hinken auch so wie er. Auch das Verhältnis der dargestellten Personen untereinander wird durch die Darsteller exakt wiedergegeben – ohne daß sie etwas darüber wissen. Die Darsteller erkennen sogar des öfteren Familiengeheimnisse und andere Dinge, von denen nicht einmal der Fragesteller etwas gewußt hat.

Durch die Handlungen und die Gespräche, die unter den Darstellern stattfinden (d.h. eigentlich zwischen den dargestellten Personen) können z.B. auch alte Streits geschlichtet, Schuldgefühle und Rachegedanken aufgelöst werden. Dadurch kann in der Familie Frieden einkehren – selbst bei den Familienmitgliedern, die überhaupt nichts davon wissen, daß eine Person aus ihrer Familie solch eine Aufstellung durchgeführt hat.

Eine Familienaufstellung ist eine perfekte Beschwörung einer ganze Reihe von Toten aus der Sippe durch die Freiwilligen, die sich als Medium für diese Toten (und manchmal auch für noch lebende Personen) zur Verfügung gestellt haben.

Wenn die „systemische Familienaufstellung" den etwas traditionelleren Namen „kollektive Totenbeschwörung" hätte, wäre sie sicherlich nicht so gut integriert worden wie dies mittlerweile der Fall ist …

IV   Die Evokation im Christentum

Die Wichtigkeit der Toten-Beschwörungen insbesondere bei den Germanen und teilweise auch bei den Kelten und den Slawen hat die Entwicklung des Christentums bei der Missionierung von West-, Mittel- und Osteuropa sehr stark geprägt.

IV 1.   Vater und Gott Vater

Die Eltern waren für die Germanen der wichtigste Halt – auch noch nach deren Tod. Als die Missionare ihnen das Christentum bringen wollten und von dem einen Gott Vater im Jenseits erzählten, hatten die Germanen schon ihre eigenen toten Väter im Jenseits, die ihnen halfen. Warum sollten sie ihren eigenen Vater gegen den einen, ihnen unbekannten Gott Vater der Christen eintauschten?

Das war ein ernstes Problem für die Missionare …

IV 2.   Der Teufel

Um bei den Germanen durchsetzen zu können, daß sie sich an den christlichen Gott Vater wandten und nicht an ihren eigenen Vater, mußten die Missionare gegen die Toten im Jenseits argumentieren und sie als Bedrohung darstellen. Dabei half ihnen vor allem die allgemeine Angst vor dem Tod und auch, daß sich die Germanen teilweise durch innere Umwälzungen in ihrer Religion (Absetzung des Tyr durch Odin um 500 n.Chr.) in ihren religiösen Vorstellungen unsicher geworden waren.

Schon in der späten Altsteinzeit hat es die Vorstellung gegeben, daß die Ankunft im Jenseits der Ankunft im Diesseits entsprach, d.h. daß sie eine zweite Geburt, also eine „Wiedergeburt" war. Solch einer Wiedergeburt mußte natürlich auch eine Wiederzeugung voraus gehen und ein Wiederstillen folgen. Die Wiederzeugung ist natürlich ein reines Männer-Motiv …

Dieses Motiv brachte es mit sich, daß die Männer ihre Zeugungskraft im Jenseits sicherstellen wollten. Was tun? Die größte Zeugungskraft hatten offenbar die Herdentiere (da sie in großen Scharen auftraten), also die Rinder, Hirsche, Pferde, Schweine, Schafe und Ziegen. Also opferte man für den Toten einen Hirsch, einen Stier, einen Hengst, einen Eber/Keiler, einen Widder oder einen Ziegenbock und hüllte den Toten dann in das Fell des Opfertieres, um ihm dessen Zeugungskraft zu übertragen.

Dadurch erhielt der Tote im Jenseits auch die Gestalt des betreffenden männlichen

Herdentieres. Die Große Mutter als die Wiederzeugungs-Geliebte, Wiedergeburts-Mutter und Wiederstillens-Amme des Toten nahm dann die Gestalt des entsprechenden weiblichen Herdentieres an: Hindin, Kuh, Stute, Sau/Bache, Schaf und Ziege. Da der Tote trotz dieser Herdentier-Magie auch noch seine menschliche Gestalt behielt, wurde er im Jenseits zu einem Mann mit Hirschgeweih, zu einem Minotaurus, zu einem Centaur, zu einem Eber-Mann, zu einem Mann mit Widder-Hörnern oder zu einem Faun.

Auch diese Mensch/Herdentier-Mischformen nahmen die Missionare als Ansatzpunkt für ihre Argumentation, daß die Ahnen im Jenseits etwas Böses seien – wobei sie natürlich die Ahnen nicht so direkt erwähnt haben werden, da ja niemand seinen Vater als das Böse schlechthin betrachtet haben wird. Auf diese Weise ist der Teufel mit seinen Ziegenhörnern und mit seinem Pferdefuß entstanden – er ist der umgedeutete tote Vater im Jenseits, der sich durch die Herdentier-Magie teilweise in ein Herdentier verwandelt hat.

IV 3. Des Teufels Großmutter

Die zweite wichtige Gestalt im Jenseits neben dem Toten selber war die Große Göttin, mit dem sich der Tote wiederzeugte und die ihn dann wiedergebar und ihn wiederstillte.

Nun war es natürlich kaum möglich, die Mutter, die schließlich der Inbegriff der Geborgenheit, der Ernährung und des Schutzes ist, zu einem bösen Wesen umzudeuten. Daher machte man sie von der „Wiedergeburts-Mutter des Toten" nicht zur „Mutter des Teufels", sondern zu des „Teufels Großmutter". Die Alternative dazu, die sich im Märchen durchgesetzt hat, wäre die „böse Stiefmutter" gewesen.

IV 4. Die Hölle

Die Germanen haben ihr Jenseits „Hel", d.h. „Höhle" genannt – das war der Name der Grabkammer in den Hügelgräbern. Aus ihr wurde die „Hölle", in der der Teufel und seine Großmutter wohnten.

Da sich schon bei den Germanen selber die Jenseitsgöttin zu einer Art monströser Riesin zu entwickeln begonnen hatte, konnten die Missionare gut an diesem Motiv ansetzen und es in den Vordergrund rücken.

Die Brandbestattung bei den Germanen hatte zu der Vorstellung geführt, daß das

Hügelgrab auch weiterhin von Feuer und Glut erfüllt war. Das ließ sich ohne große Mühe von den Missionaren zu einer Feuerhölle umformen, die wirklich jeder fürchten mußte …

IV 5. Der Höllenhund

Der Hund, der damals jedes Haus bewacht hat, erscheint natürlich auch am Eingang zur Grabkammer – und wurde von den Missionaren zum Höllenhund umgedeutet, wobei sie auch hier auf erste Ansätze zu einer Umdeutung dieses Jenseits-Wach-hundes bei den Germanen zurückgreifen konnten.

Vermutlich ist das Hunde-Motiv auch als der Begleiter der Jäger und der Schama-nen mit in diese Symbolik eingeflossen.

IV 6. Die Dämonen

Das Bild der Ahnen im Jenseits wurden von den Missionaren in zwei Bilder aufge-spalten – ob dies geplant geschah oder sich so ergeben hat, läßt sich kaum noch fest-stellen. Das eine dieser beiden Bilder waren die Ahnen im Himmel – die gut christlich waren. Die andere Hälfte waren die Ahnen in der Hölle, die eben heidnisch waren und deshalb in dem Hügelgrab-Feuer leiden mußten.

Diese Hügelgrab-Ahnen, also die Totengeister der bösen Menschen in der Hölle („Höhle") wurden in zunehmendem Maße zu gefürchteten Wesen – eben zu Dämonen … das Gefolge des Teufels …

Ursprünglich ist „Dämon" einmal eine Bezeichnung für „Seele" gewesen …

So wurden die Anrufungen der Toten durch die Missionare als eine Beschwörung von Dämonen dargestellt. Die Suche von Rat und Hilfe bei dem verstorbenen Vater wurde zu einem Pakt mit dem Teufel umgedeutet, bei dem der Lebende seine Seele verlor …

Die Missionare sind bei keinem anderen Thema so gründlich und so erfolgreich gewesen wie bei der Erzeugung der Angst vor dem Beschwören der Totengeister …

IV 7.   Die Heiligen-Verehrung

Das Verdammen der Hilfesuche bei den Ahnen hinterließ natürlich auch eine Lücke in dem Glauben, in der Tradition und in dem Verhalten der Germanen. An diese Stelle setzte der Klerus die Suche um Rat und Hilfe bei den Heiligen – sie ersetzten den leiblichen Vater und die leibliche Mutter im Jenseits.

IV 8.   Das Letzte Gericht

Das Jenseitsgericht ist ursprünglich bei den Ägyptern entstanden, als man versucht hat, den Widerspruch zwischen der Allmacht und der Gerechtigkeit der Götter einerseits und dem offensichtlich von den Göttern geduldete Unrecht, das die Menschen aneinander begingen, andererseits aufzulösen. Dies ließ sich nur durch ein Gericht im Jenseits erreichen, in dem die Menschen, die in ihrem Leben Böses getan hatten, verdammt wurden.

Dieses Konzept, das die Christen in der Form des Letzten Gerichts von den Ägyptern übernommen haben, stand natürlich auch im Hintergrund, wenn die Missionare die Ahnen der Germanen zu üblen Dämonen erklärt haben – die Ungläubigen wurden zu den Untertanen des Teufels.

Wenn also jemand die Toten beschwor, stand er schon alleine durch diese Tat in der Nähe der Hölle, des Teufels und der ewigen Verdammnis – denn die guten Christen im Himmel würden sicherlich niemals einer solchen Beschwörung Folge geleistet haben und zu den Lebenden gekommen sein.

Es ist also nicht verwunderlich, daß die Totenbeschwörungen in der europäischen Kultur zu dem Gruseligsten überhaupt geworden sind …

V Historische Beispiele

Die folgenden Beispiele für Evokationen sind bei weitem nicht vollständig, sondern nur eine Auswahl, die die Vielfalt beschreiben soll, in der Evokationen bei den verschiedenen Völkern vorkommen.

Die Beispiele sind chronologisch geordnet.

V 1. Jungsteinzeit

In der Jungsteinzeit gab es in Mesopotamien ein komplexes Bestattungsritual, das drei Phasen hatte:

1. Phase: Der Tote wird in der Erde bestattet. Er zeugt sich im Jenseits mit der Jenseitsgöttin wieder.

2. Phase: Nach vermutlich neun Monaten (Schwangerschaft der Göttin mit dem Toten) wird der Tote im Jenseits wiedergeboren. Der Tote wurde wieder ausgegraben – seine Gebeine kamen in ein Knochenhaus, aber sein Schädel wurde in einer Nische in der Wand innen im Wohnhaus seiner Nachkommen aufbewahrt. Dort konnten seine Nachkommen jederzeit mithilfe des Schädels Kontakt zu dem Toten aufnehmen.

3. Phase: Nach einer längeren Zeit, vermutlich, wenn niemand mehr gelebt hat, der den Toten noch persönlich gekannt hat, wurde auch der Schädel ins Knochenhaus gebracht.

Während der 2. Phase wurde der Tote um Rat und Hilfe gebeten – was man durchaus als eine Art der Evokation auffassen kann, bei der der Tote in seinen Schädel gerufen wurde. Es sind auch eine ganze Reihe Schädel erhalten geblieben, die mit Lehm überzogen und bemalt worden sind, damit sie den Toten möglichst echt dargestellt haben. Teilweise gab es auch Plastiken, die keinen Schädel enthalten haben.

V 2. Ägypten

Nach einer Bestattung, wenn die Statue des Toten fertiggestellt worden war, reiste der Sem-Priester (Schamane) ins Jenseits und holte die Seele des Toten in dessen Statue, damit sie den Nachkommen dieses Toten zugänglich war.

Diese Ritual ist zugleich eine Traumreise durch den Sem-Priester und auch eine Evokation des Toten – schließlich wird der Tote in seine Statue gerufen, die für ihn ein „Ersatz-Leib" ist.

Die Toten-Statuen der Ägypter waren eine vollständigere Version der Toten-Schädel aus der Jungsteinzeit in Mesopotamien.

V 3. Sumer

In Sumer wurden vor allem Krankheitsgeister evoziert, um sie dann vertreiben zu können. Dies geschah vor allem bei Seuchen. Diese Evokationen sind also eigentlich Exorzismen.

V 4. Hethiter

Bei den Hethitern (die zu den Indogermanen gehören), gab es Schamanen-Priester, die für Jenseitsreisen, das Rufen der Ahnen und für Evokationen von Krankheitsgeistern bei Seuchen zuständig waren.

V 5. Römer

Die Römer riefen manchmal die Toten aus der Unterwelt ins Diesseits, um mit ihnen sprechen zu können.

Sie benutzten die Evokation allerdings auch für militärische Zwecke: Bei der Belagerung einer Stadt beschworen die Priester die Götter dieser Stadt, die Stadt zu verlassen und stattdessen zu den Römern überzulaufen und sie zu schützen. Auch diese Taktik wurde „Evokation" genannt – eine Götter-Evokation und nicht eine Toten-Evokation.

Man benutzte die Evokation auch, um eine Gottheit aus einem Tempel herauszurufen und an einen anderen Ort zu senden – um dann in aller Ruhe (und ohne Angst vor der Rache der Götter) den nun von den Göttern verlassenen Tempel plündern zu können …

V 6.   Die Hexe von Endor

Die „Hexe von Endor" ist eine Seherin im Alten Testament. Der geläufige Ausdruck „Hexe" hat im Original, d.h. wörtlich übersetzt, die Bedeutung „Frau mit Wahrsage-fähigkeiten, die die Toten beschwört".

Diese Totenbeschwörerin wurde von dem israelischen König Saul um Rat befragt, als er von Jahwe keine Antwort erhielt. Daraufhin beschwor sie den Propheten Samuel, der aus dem Totenreich aufstieg und der Totenbeschwörerin und dem König Saul erschien. Samuel erklärte Saul, daß Jahwe ihm nicht mehr antwortete, weil Saul nicht so gehandelt hatte, wie Gott es von ihm verlangt hatte.

V 7.   Christi Berg-Gebet

Als Christus einst mit drei Jüngern auf einen Berg stieg, um dort zu beten, erstrahlte Christus in weißem Licht – und neben ihm erschienen Moses und Elias, die mit Christus sprachen. Da diese beiden Propheten zu Christi Lebzeiten schon lange tot waren, ist dies eine Erscheinung von zwei Toten bei einem Lebenden. Da Christus zum Beten auf den Berg gestiegen ist, ist anzunehmen, daß er dabei auch Moses und Elias angesprochen hat.

Rein technisch gesehen, hat Christus also zwei Tote beschworen – auch wenn dies im Christentum normalerweise nicht so bezeichnet wird.

V 8.   Lazarus

Die Auferweckung des Lazarus von den Toten durch Christus, nachdem Lazarus schon längere Zeit tot gewesen ist und schon „zu stinken begonnen hatte", ist ebenfalls eine Totenbeschwörung: Christus ruft die Seele eines Toten aus dem Jenseits zurück und fügt sie sogar wieder in dessen schon leicht verwesten Leib ein, der daraufhin wieder lebendig wird.

V 9. Germanen

Die bekannteste Totenbeschwörung in der germanischen Überlieferung wird die Beschwörung der Seherin Wala durch Odin sein, die auf seinen Befehl hin aus ihrem Hügelgrab hervorkam. Diese Szene findet sich im Wegtam-Lied.

Der Schamanengott Odin wurde wegen seiner Totenbeschwörungen auch „Herr der Hügelgräber" genannt.

Die Germanen beschworen auch Krankheitsgeister, um sie dann zu vertreiben – Diese Beschwörungen sind also eigentlich Exorzismus-Rituale.

V 10. Kelten

In der keltischen Überlieferung ist die Beschwörung eines Sturmgeistes durch den Barden-Druiden Taliesin am beeindruckendsten.

V 11. Islam

Im Islam findet sich fast dieselbe Einstellung zu Evokationen wie im Christentum: Die Beschwörungen von Dschinns (Geistern) ist zwar verboten, aber wird trotzdem immer wieder einmal durchgeführt – das was funktioniert, wird auch angewandt.

Insbesondere in Marokko, im Oman, in Saudi-Arabien und in den Vereinigten Arabischen Emiraten werden Evokationen zum einen für Rache und zum anderen für Heilungen verwendet.

V 12. Christentum

Im Mittelalter beschworen auch die Mönche die Krankheitsgeister, um sie dann vertreiben zu können. Auch diese Evokationen waren also eher Exorzismen.

V 13. Faust

Die in Europa oder zumindestens im deutschsprachigen Bereich bekannteste Evokation ist sicherlich die Beschwörung des Mephistopheles durch Faust in Goethes gleichnamigem Drama. Diese Darstellung zeigt vor allem sehr anschaulich die Hintergründe für eine solche Dämonenbeschwörung.

V 14. John Dee

John Dee nahm mithilfe des Mediums Edward Kelly 1582-1587 Kontakt zu verschiedenen Engeln auf, die ihm die Henoch-Sprache, ein Magie-System u.a. übermittelt haben. Dies ist vermutlich das bekannteste Beispiel für eine Evokation mithilfe eines Mediums.

V 15. Woodoo

Die Besonderheit an den Evokationen im Woodoo ist, daß sie in der Regel in einer Gruppe durchgeführt werden und nicht alleine oder zu zweit.

VI Persönliche Erfahrungen

Wenn man keine eigenen Erlebnisse zu einem bestimmten Thema hat, bleiben alle Schlußfolgerungen aus Berichten anderer Menschen etwas fragwürdig. Diese Erfahrungen muß jeder selber machen, aber ich kann hier zumindestens einige eigene Erfahrungsberichte beisteuern.

Die Beispiele sind auch hier chronologisch geordnet.

VI 1. Ein Dämon

Mein Zauberlehrer Axel hatte den Wahlspruch „Hauptsache es kracht und macht schwindelig!" Dementsprechend habe ich mit ihm ziemlich schnell ziemlich viel erlebt.

Eines Tages kam er mit einigen Kopien an und sagte, daß er für ziemlich viel Geld die Anleitung für eine Dämonenbeschwörung gekauft hatte. Das war ungefähr 1980 – damals waren solche Anleitung noch nicht so einfach zu erhalten. Ich war viel zu schüchtern, um zu sagen, daß ich mich das nicht traue. Also haben wir Kreide und Weihrauch besorgt und ich habe eine Wünschelrute aus einem Haselzweig angefertigt und sie mit den vorgeschriebenen Zeichen beschnitzt.

Dann sind wir am nächsten Vollmond nachts zu einem Kreuzweg in den Wald gegangen und haben die vorgeschriebenen Kreise, Dreiecke und Symbole mit Kreide auf den Boden gemalt und gewartet, daß die Kirchturmuhr zwölf mal geschlagen hat.

Axels Schäferhund lag in einem der Kreise und ist dort auch die ganze Zeit ruhig liegengeblieben.

Nach dem letzten Glockenschlag haben wir den Weihrauch entzündet. Ich habe die Wünschelrute genommen und den Beschwörungstext von den Fotokopien abgelesen. (Wie ich inzwischen weiß, habe ich die Wünschelrute falsch herum, also wie eine Gabel gehalten.) Ich war innerlich gleichermaßen neugierig und voller Angst – ich stand „unter Strom".

Eine Weile tat sich nichts, aber dann sah ich ein Stück entfernt einige rote Lichter von rechts nach links über den Weg schweben. Dann hustete jemand mehrmals zwischen Axel und mir in dem Kreis, in dem wir beide gestanden haben – das war keiner von uns beiden. Als nächstes gab es hellblaue „knackende" Lichtblitze oben in den Buchen über uns. Als es dann auch noch nach Schwefel zu riechen begann und Axel sagte „Der Kerl ist da – ich kann ihn genau spüren!" wurde es mir zu viel und ich habe gesagt, daß ich aufhören will.

Also habe ich die Bannungsformel gesprochen und wir sind durch den Wald zurückgegangen. Allerdings hat uns das Husten des Unsichtbaren und der Schwefel-geruch weiterhin begleitet – da habe ich noch einmal die Bannungsformel gesprochen, woraufhin es ein bißchen ruhiger geworden ist.

Der Augenblick, in dem Axel und ich uns dann in der Stadt getrennt haben und ich alleine weitergegangen bin, war einer meiner schlimmsten Augenblicke – ich wußte nicht mehr, was gleich passieren würde. Zuhause habe ich dann mein Zimmer abge-schlossen (was ich sonst nie getan habe), mir die Bettdecke über den Kopf gezogen und gehofft, daß es Morgen wird – viel geschlafen habe ich in dieser Nacht nicht.

Am Morgen habe ich mir gesagt: „Entweder kriegt die Angst mich oder ich die Angst." Also bin ich an jedem Tag, an dem mir das möglich war, wieder an diese Stelle im Wald gegangen, bis ich mich nach einem guten halben Jahr dort auch des nachts ganz entspannt hinsetzen und an andere Dinge als an diese Beschwörung den-ken konnte.

In dieser Zeit habe ich viel über Angst gelernt.

VI 2.   Der zweite Versuch

Da Axel wirklich einmal einen Dämon vor sich stehen sehen wollte, haben wir nach einer Weile noch einen zweiten Versuch gemacht, bei dem uns jedoch der Förster begegnet ist, der unseren Sack mit den Ritual-Gegenständen sehr verdächtig fand – er hat uns offenbar für Wilderer gehalten. Da sind wir wieder nach Hause gegangen.

Ich glaube, daß ich diesen Fehlschlag unbewußt herbeigeführt habe, weil ich mich noch immer vor dem Erscheinen eines Dämons gefürchtet habe.

VI 3.   Der dritte Versuch

Den dritten Versuch haben Axel und ich in seinem Zimmer durchgeführt. Das einzi-ge Phänomen, das dabei aufgetreten ist, ist, daß eine Kerze in einem Halter an der Wand einen Schlag erhalten hat, sodaß sie durch das Zimmer geflogen ist.

VI 4. Ein Poltergeist

Als ich ungefähr 21 Jahre alt gewesen bin und seit einer Weile Axels „Zauberlehrling" geworden war, habe ich noch bei meinen Eltern gewohnt. An einem Sonntagnachmittag, als ich alleine in dem Haus gewesen bin und in meiner Mansarde gesessen habe, habe ich auf einmal gehört, wie Schritte auf das Haus zukommen hören – was mich gewundert hat, weil es gar nicht möglich ist, Schritte drei Stockwerke tiefer auf der anderen Hausseite auf Betonplatten zu hören.

Dann habe ich gehört, wie jemand die Haustür geöffnet hat ohne einen Schlüssel zu benutzen – auch das hätte ich eigentlich nicht hören können und zudem war die Haustür abgeschlossen. Dann kam jemand die Treppe herauf – Männerschritte, die mir unbekannt waren. Mittlerweile standen mir die Haare zu Berge und ich blickte gebannt auf meine Zimmertür.

Die Schritte kamen bis vor meine Türe und hielten dort inne. Dann habe ich gehört, wie jemand gegenüber in das Zimmer meiner Schwestern ging – wieder wurde die Türe geöffnet, ohne daß sie aufgeschlossen wurde. Dann war Ruhe.

Nach einer Weile habe ich mir gesagt, daß ich nachsehen muß. Also habe ich mir den Schlüssel zum Zimmer meiner Schwestern geholt und habe überall nachgesehen – in allen Winkeln, unter den Betten, in den Schränken … aber es war es war niemand da.

Ich habe niemandem etwas davon erzählt. Nach einigen Tagen haben mir jedoch meine Geschwister und meine Mutter berichtet, daß sie manchmal einen Unsichtbaren die Treppe hinauflaufen gehört haben – da habe ich auch mein Erlebnis erzählt. Nach einer Weile hatten alle meine fünf Geschwister den „Hausgeist", wie wir ihn getauft hatten, gehört.

Manchmal hat der Hausgeist auch nachts unsichtbar neben dem Bett meiner zweitältesten Schwester gestanden und ihr etwas erzählt, was sie sich jedoch nicht merken konnte – und was sie ziemlich störend fand.

Nach einer Weile haben wir uns jedoch alle an unseren neuen Mitbewohner gewöhnt. Wenn Besuch da war und er die Schritte auf der Treppe gehört hat, haben wir gesagt „Ach, das ist nur unser Hausgeist."

Lediglich mein Vater hatte ihn noch nie gehört und hielt uns alle für verrückt, wenn wir ihm davon erzählt haben.

Eines Sonntagmorgens, als alle außer mir (ich war nicht daheim) beim Frühstück saßen, ging in meinem Zimmer, das direkt über dem Wohnzimmer lag, ein Lärm los, als ob ich mit einer Axt alle meine Möbel zerschlagen würde. Da ist mein Vater wütend hinauf in meine Zimmer gegangen und hat gesehen, daß dort niemand ist – ab da glaubte auch er an unseren Hausgeist.

Nach ungefähr einem dreiviertel Jahr haben diese Phänomene allmählich aufgehört.

Ich vermute, daß es telekinetische Phänomene gewesen sind, die auch durch mich ausgelöst worden sind, da ich meine eigene Pubertät unterdrückt hatte, gerade Zaubern gelernt hatte und auch ansonsten innerlich ziemlich unter Streß stand. Zudem habe ich den Poltergeist als erstes gehört und den lautesten Lärm hat er in meinem Zimmer gemacht.

VI 5.   Eine spiritistische Sitzung

Zwei Frauen, die zusammen mit Axel in der Intensivstation der Nervenklinik gearbeitet haben, haben Axel und mich zu einer spiritistischen Sitzung eingeladen. Dabei ist allerdings nicht viel passiert.

Danach haben wir noch zusammengesessen und die anderen drei haben über Geschichten aus der Nervenklinik und über Pan erzählt – ich habe hauptsächlich zugehört.

Auf dem Heimweg ist mir dann eine Frau begegnet, die offenbar verwirrt war. Ich habe ihr geholfen, wieder nach Hause zu finden. Dort hat sie mich in ihre Wohnung eingeladen, wo sie mich offensichtlich gerne in ihrem Bett gehabt hätte, was ich aber abgelehnt habe.

Da haben sich offenbar die spiritistische Sitzung (jemanden rufen), die Nervenklinik (verwirrte Frau) und Pan (Sex) miteinander vermischt und sind mir dann als diese Frau über den Weg gelaufen – eine etwas merkwürdige Form der „Evokation".

VI 6.   Magie-Gruppe

Ein paar Jahre später waren Axel und ich in dem „Bonner Arbeitskreis für Experimentalmagie". Dort haben wir einmal ungefähr zu acht einen Mars-Geist beschworen. Er war in der Nähe, aber er hat sich nicht gezeigt.

Frater Thot hat gemeint, daß ich das Erscheinen blockiere. Vermutlich hat er recht gehabt, da ich mich damals in einem Teil von mir noch immer vor Evokationen gefürchtet habe.

VI 7.   Io Pan!

Ein paar Jahre später sind Axel und ich einmal auf einer Waldlichtung gewesen und haben den Gott Pan mithilfe einer Anleitung, die Axel besorgt hatte, angerufen. Bei dieser Anrufung brauchte man mehrere Opfergaben und einen Hammer aus Eibenholz, den ich angefertigt hatte.

Pan ist nicht vor uns erschienen, aber hat linkerhand von uns im Wald auf seiner Flöte gespielt. Es waren nicht viele Töne, aber etwas derartiges habe ich nie wieder gehört – das ging durch und durch …

VI 8.   Runen

Zu ungefähr derselben Zeit habe ich ausgiebig mit Runen experimentiert. Ich habe mir für jede Rune einen passenden Platz im Wald gesucht, mich in die Runen-Haltung gestellt und dann längere Zeit den Runen-Namen gesungen.

Nachdem ich auf einer Rodungs-Fläche, die schon wieder mit Gestrüpp überwachsen war, eine Rune gesungen habe, ist etwas Merkwürdiges passiert – ich glaube, es war die „Tyr"-Rune, aber ich bin mir nicht mehr völlig sicher.

Vor mir stürzte sich ein Adler vom Himmel, verwandelte sich vor mir auf dem Boden in eine große Schlange und kroch dann durch das Gestrüpp davon.

Diese beiden Tiere sahen vollkommen echt aus.

Ein bißchen verwirrt habe ich mir dann klargemacht, daß es im Kottenforst keine Adler gibt und daß sich Adler auch nicht in Schlangen verwandeln können. Das mußte also eine Vision gewesen sein – eine extrem echt wirkende Vision. Diese Qualität müßten eigentlich auch die Erscheinungen bei Evokationen erreichen können …

Ich habe mich natürlich gefragt, was das eigentlich gewesen ist. Tyr ist der ehemalige Göttervater der Germanen gewesen (bei den Nordgermanen bis 500 n.Chr.) und der Adler war bei den Germanen (und bei allen anderen Indogermanen auch) der Seelenvogel des Göttervaters. Auf seiner allabendlichen Reise in die Unterwelt hat sich der Sonnengott-Göttervater Tyr in eine Schlange verwandelt, die allgemein das Symbol der Totengeister ist.

Hat sich da Tyr mir gezeigt, weil ich seinen Namen gesungen habe? Aber warum hat er mir die „Sonnenuntergangs-Szene", also seinen allabendlichen Tod gezeigt?

Da ich zuvor die Tyr-Rune gesungen habe, kann man auch dieses Erlebnis zu den Evokationen zählen – wenn auch zu den unbeabsichtigen …

VI 9. Pan-Anrufungen

Zusammen mit Axel habe ich ungefähr ein Jahr lang fast jedes mal am Ende unserer Treffen, die wir ungefähr zweimal die Woche hatten, Pan angerufen. Das war Axels Idee gewesen …

Dabei stand Axel vor der Pan-Statuette, die ich aus Lehm und Bienenwachs wie die Statuette für einen Spiritus familiaris hergestellt hatte, und hat Pan mithilfe von Crowleys „Hymne an Pan" angerufen. Ich habe dazu improvisiert auf einer Bambus-Querflöte gespielt, wobei im Laufe der Zeit einige „Pan-Themen" entstanden sind.

Ich hatte dabei eigentlich die Vorstellung, daß ich Axel nur unterstütze, aber selber nichts mit Pan zu tun habe – aber Pan hat auch mir eine Frau geschickt, die unbedingt mit mir das Bett teilen wollte …

Sie hat mir erzählt, daß sie immer wieder intensive erotische Träume von mir gehabt hat … und die wollte sie nun auch in Wirklichkeit erleben …

VI 10. Nekronomikon

Bei einer anderen Gelegenheit haben Axel, Frater V.D. und ich versucht, einen Geist aus dem Nekronomikon zu beschwören, wobei jedoch nichts geschehen ist.

Ich vermute, daß das nicht daran lag, daß das Nekronomikon ein frei erfundenes Buch ist, sondern daß mir Evokationen noch immer nicht ganz geheuer gewesen sind – zumindestens nicht die Beschwörungen von Dämonen.

VI 11. Der Geist eines Toten

Etliche Jahre später hat mich eine Freundin gefragt, ob ich einer Frau aus dem Dorf helfen könnte, die vermutlich ein Problem mit ihrem verstorbenen Vermieter hat, der in ihrem Haus spukt und die Kinder nicht schlafen läßt.

Ich bin dann dort hin gegangen, habe mich in das Kinderzimmer gesetzt, eine Kerze entzündet, innerlich das Kleine Pentagramm-Ritual durchgeführt und dann den verstorbenen Vermieter herbeigerufen und innerlich mit ihm gesprochen. Dabei wurde ziemlich schnell klar, daß ihm garnicht bewußt war, daß er tot war. Die letzten zehn Jahre seines Lebens hatte er nichts mehr gehabt außer diesem Haus … und hat sich nach seinem Tod weiterhin an diesen einzigen Daseins-Inhalt geklammert.

Es war zum Glück nicht allzu schwer, ihm klar zu machen, daß er tot war und daß es sinnvoll wäre, wenn er das Haus loslassen und in das Jenseits gehen würde. Danach war es dann in der Wohnung wieder friedlich.

VI 12.   Mehrere Poltergeister

Im Schloß Alfter, in dem lange Zeit ca. 30 Studenten gewohnt haben, hatte es schon seit Jahren gespukt. Nachdem sich dort im Abstand von einigen Jahren zwei Studenten umgebracht haben, ist dieser Spuk noch deutlich stärker geworden. In dem Zimmer, in dem einer der Selbstmorde stattgefunden hat, hat niemand mehr wohnen können.

Diese Phänomene waren in den Winterferien am stärksten, wenn nur wenige Studenten im Schloß waren. Man spürte geradezu immer wieder jemanden neben sich gehen. Nachts sprachen diese Geister manchmal mit den Schloßbewohnern oder zogen ihnen die Bettdecke fort. Auch wenn sich die meisten Studenten recht schnell an die Geister gewöhnten, störten sie manchmal doch den Schlaf.

Daher bin ich eingeladen worden, zu schauen, ob ich etwas dran ändern kann. Ich habe jedoch festgestellt, daß es zu viele Geister waren und daß einige der Geister, die dort offenbar schon einige Jahrhunderte waren, zu stark für mich geworden waren. Daher habe ich eine Freundin, die eine gute Hellseherin ist, um Hilfe gefragt.

Zusammen haben wir es durch Gespräche mit den Geistern, durch Pentagramm-Rituale, Feng-Shui, Bitten an Mutter Erde u.ä. schließlich geschafft, daß es ruhig im Schloß geworden ist.

Im Grunde gibt es kaum einen Unterschied zwischen einer Geister-Beschwörung und einer Geister-Bannung, also zwischen einer Evokation und einem Exorzismus – zumindestens nicht aus dem Blickwinkel, dessen, der beides durchführt.

In beiden Fällen sucht man zunächst den Kontakt mit den Geistern, spricht dann mit ihnen und will etwas von ihnen. Lediglich das, was man von ihnen will, ist verschieden: einen Rat oder eine Hilfe bzw. daß sie ins Jenseits gehen.

VI 13.   Spuk im Bergischen Land

Ich bin des öfteren mal zu Spukhäusern gerufen worden und in der Regel war es auch nicht allzu schwierig, den Frieden wieder herzustellen. Bei einer Gelegenheit ist mir dies jedoch nicht gelungen – obwohl ich das ganze Haus und auch die umliegenden Ruinen u.ä. untersucht habe.

Ich habe mich damals gefragt, was in dem Haus eigentlich vorgeht und woher diese telekinetischen Phänomene und diese komische Stimmung stammen.

Ein paar Monate später rief mich die Frau, die mit ihrer Tochter und ihrem neuen Freund in dem Spukhaus wohnte, an und erzählte mir, daß sie herausgefunden hatte, daß ihre Tochter ein Verhältnis mit ihrem Freund hat. Die Spukphänomene waren offensichtlich Telekinese-Phänomene, die durch die Spannung in der Psyche der ungefähr 20-jährigen Tochter hervorgerufen worden sind.

VI 14. Christus und Krishna

Zu ungefähr derselben Zeit bin ich einmal erkältet gewesen, allerdings auf eine seltsame Weise: Ich hatte lediglich starkes Fieber (was ich fast nie habe) und sonst keine Symptome. Seltsamerweise machte dieses Fieber mich zwar körperlich schwach, aber ausgesprochen klar im Kopf. Ich war so erschöpft, daß ich im Bett liegen mußte – aber ich habe zu der Zeit die Bhagavadgita mit den Geschichten über Krishna und Arjuna gelesen.

Als ich einmal von meinem Buch aufgeblickt und zu meinem Altar geschaut habe, habe ich Christus und Krishna dort stehen sehen – Christus links und Krishna rechts. Beide strahlten hell golden und wirkten wie Brüder. Die Gestalten der beiden Götter waren wie halbdurchsichtige Bilder, durch die hindurch ich den Hintergrund noch erkennen konnte – aber die beiden Gestalten waren deutlicher als der Hintergrund zu sehen.

Das hat mich an Frater Thots Formulierung „die Konsistenz dichter Dämpfe" erinnert.

Diese Vision oder diese „Evokation durch das Lesen der Bhagavadgita" ist sehr wichtig für mich gewesen, da ich zwar schon vorher Christus, Krishna, Odin und alle anderen Götter und Göttinnen auf eine Stufe gestellt habe, aber Christus und Krishna so nebeneinander mit derselben Ausstrahlung stehen zu sehen, war noch einmal etwas ganz anderes – aus der Theorie ist dadurch Erleben geworden.

Die Wirkung einer solchen Vision kann man meines Wissens durch nichts anderes ersetzen …

Wenn man solche Visionen oder Evokations-Erscheinungen erlebt und einem solche Dinge noch vollkommen neu sind und man sie überhaupt nicht einordnen kann, kann es geschehen, daß man das gesamte Erlebnis nach zwei Tagen vollständig vergessen hat und nichts mehr davon weiß – einfach, weil man das Erlebnis nicht integrieren konnte.

VI 15.   Spontanbesuch eines Toten

Als ich im Bioladen zu arbeiten begonnen habe, habe ich einen Monat lang einen großen Teil der Räume renoviert, neue Wände gemauert, Fenster und Türen eingesetzt u.ä. Da mein Vater am Bau gearbeitet hat (er hat vorwiegend Decken verputzt), waren mir diese Tätigkeiten nicht fremd und ich wußte, wie man die Werkzeuge anfassen muß, aber ich hatte diese Dinge nie gelernt.

Eines Tages, als ich eine Wand verputzt habe, ging das auf einmal sehr zügig und ausgesprochen routiniert und die Wand war in Windeseile fertig verputzt und vollkommen glatt und gerade – es war, als ob mir jemand meine Hand geführt hätte.

Da habe ich innegehalten und nachgespürt und sofort meinen kurz zuvor verstorbenen Vater gefunden, der meine Hand geführt hatte … Da habe ich ihm gesagt, daß er das nächste Mal „anklopfen" und mich fragen soll, ob mir das recht ist, daß er meine Hand übernimmt. Dem hat er zugestimmt.

Offensichtlich gibt es auch „Familienaufstellungs-ähnliche Situationen", bei denen die Toten von sich aus zu den Lebenden kommen. Und es gibt offenbar auch die Möglichkeit, Fähigkeiten der Toten zu übernehmen.

Eigentlich ist das ja ein gut bekanntes Phänomen: Der Haupt-Schüler erhält bei dem Tod den Segen und die Fähigkeiten des Meisters übertragen. Das ist nicht nur bei indischen Gurus so, sondern z.B. auch bei dem Propheten Elias, der seinem Schüler Elisa kurz vor seinem Tod seine Kraft übertragen hat. Elisa hat daraufhin sofort überprüft, ob alles geklappt hat und hat mit Erfolg den Wassern des Jordana geboten, sich zu teilen und ihn durch das Flußbett trocken auf die andere Seite gehen zu lassen.

Offensichtlich sind diese Übertragungen auch im kleinen Rahmen und auch in Bezug auf „normale Fähigkeiten" möglich.

VI 16.   Der Jugoslawien-Krieg

Während des Bürgerkriegs im ehemaligen Jugoslawien habe ich in einer kleinen Hütte am Waldrand ohne Wasser, Strom, und Adresse gewohnt. In der Zeit, als dieser Krieg begonnen hatte, hatte ich immer wieder mal das Gefühl, nicht alleine in dem Haus zu sein. Wenn ich dann innerlich nachgeschaut habe, habe ich meistens Männer gefunden, die völlig verirrt waren – offenbar die Geister von Toten, die plötzlich eines gewaltsamen Todes gestorben waren.

Ich habe vermutet, daß sie in das Haus gekommen sind, weil ich dort zu dieser Zeit intensiv meditiert habe und das wohl von den Totengeistern wahrgenommen worden ist.

Die meisten Geister konnte ich aus ihrer Verwirrung aufwecken, indem ich ihnen (natürlich alles innerlich) in die Augen geschaut und sie in das Hier und Jetzt geholt habe. Manchmal reichte das jedoch nicht – dann habe ich eine hell strahlende, goldene Sonne in ihrem Herzchakra imaginiert, um ihnen ihre Seele bewußt zu machen. Das hat immer gewirkt.

Danach war es einfach, sie in das Jenseits zu senden.

VI 17. Der Lorbeerbaum-Elf von La Palma

Ich bin vor etlichen Jahren mit einer Freundin auf La Palma gewesen, wo wir in dem Tal gewandert sind, in dem der letzten Lorbeerbaum-Wald auf der Erde steht. Da meine damalige Freundin nicht gut Berge steigen kann, war sie sehr bald erschöpft und hat sich auf einen Felsen gesetzt.

Als ich da so gestanden und ins Tal, dessen Grund ca. 30m unter mir lag, geblickt und bedacht habe, daß diese Lorbeerwälder früher einmal sehr weit verbreitet gewesen sind, kam mir die Idee, ob ich nicht den Lorbeerwald-Elf rufen könnte. Ich hatte kaum diesen Gedanken gehabt, als ich ihn auch schon gesehen habe – er stand unten im Tal und war so riesig, daß wir auf Augenhöhe waren. Er wirkte auch nicht wie ein lieblicher Blumengeist, sondern war stämmig und robust und ein bißchen verhalten, allerdings gleichzeitig aber auch, nun ja, ich kann es am ehesten als „lebensfreundlich" umschreiben.

Ich habe ihn gegrüßt und ihn gefragt, ob er meiner Freundin nicht Kraft geben könnte, damit sie weiterlaufen kann. Er hat genickt, kurz zu ihr geblickt und ist dann weiter talaufwärts gegangen.

Meine Wahrnehmung war wie eine Traumreise mit offenen Augen, bei der die inneren und die äußeren Bilder einander überlagern und das von Innern stammende Bild halbdurchsichtig ist.

Meine Freundin hat den „Segen" des Lorbeer-Elfs (sie wußte nicht, daß ich ihn gerade gesehen hatte) deutlich gespürt und fühlte sich tatsächlich wieder fit und statt umzukehren konnten wir noch eine halbe Stunde weiter talaufwärts laufen.

Das war eine sehr schlichte Evokation …

VI 18.   Familienaufstellungen

Ich habe schon etliche Familienaufstellungen geleitet. Dabei zeigt sich immer wieder die Vielfalt an Details, die die Menschen, die dabei einen Verstorbenen darstellen, über diesen Verstorbenen wissen – einfach dadurch, daß sie ihn in der Aufstellung verkörpern.

Hier lassen sich „komplexe Telepathie" und die Anwesenheit des Geistes in dem Darsteller letztlich nicht unterscheiden. Es ist lediglich offensichtlich, daß der Darsteller sich einfach dadurch, daß er es beschließt, mit dem Toten verbinden kann – ein sehr schlichte Evokation ... oder eher Invokation.

VI 19.   Pan

Ich bin einmal vor ein paar Jahren vom Baden in einem See mit dem Fahrrad nach Hause gefahren und wollte nicht mehr alleine sein, sondern daß ich wieder eine Freundin haben. Das habe ich dann innerlich Pan gesagt.

Als ich dann zuhause ankam, rief mich eine Frau aus Holland an, die mir erzählt hat, daß sie ein Buch von mir gelesen hat und seitdem erotische Träume von mir hat und mich gerne treffen würde und daß sie überlegt, ob sie ein Kind von mir haben will …

Das war mir dann aber doch ein bißchen zu viel und zu schnell – und wirklich sympathisch klang mir die Frau auch nicht.

Es scheint Pans Methode zu sein, einem Menschen erotische Träume von dem Magier bzw. der Hexe zu senden, die Pan um ein erotisches Abenteuer um Hilfe bittet, damit diese „Träumerin" dann unbedingt ihr Bett mit dem Magier teilen will. Dasselbe Vorgehen habe ich ja ungefähr 30 Jahre zuvor schon einmal bei den Pan-Anrufungen mit Axel erlebt.

VII Hilfsmittel bei einer Evokation

Evokationen können sehr schlicht durchgeführt werden, aber auch mit komplexen Ritualen. Das ist zum einen eine Stilfrage und zum anderen hängt dies auch von der Tradition, in der der Betreffende steht, und von den Umständen ab.

VII 1. Das Grab

Wenn man einen bestimmten Totengeist evozieren will, liegt es nahe, dies an dem Grab des Betreffenden zu tun – so wie es früher bei den indogermanischen Völkern üblich gewesen ist, die Toten aus deren Hügelgrab herauszurufen.

VII 2. Der Kreuzweg

Der Kreuzweg, also die Wegkreuzung, ist schon bei den Germanen ein beliebter Kultort gewesen. Da das Sonnensymbol ein Kreis mit einem Kreuz in ihm gewesen ist (Horizont und vier Richtungen) und der Göttervater Tyr auch ein Sonnengott gewesen ist, wurden die Opfergaben an Tyr z.T. an Kreuzwegen niedergelegt.

Da Tyr als Sonnengott jeden Abend starb, hat man den Kreuzweg anscheinend auch mit den Toten und dann schließlich auch mit den Totenbeschwörungen assoziiert. Möglicherweise hat später auch eine Assoziation zu dem christlichen Kreuz eine Rolle gespielt.

Ganz allgemein ist die Stelle, an der sich zwei Linien kreuzen, ein Konzentrationspunkt – und von daher auch für das Rufen eines Geistes geeignet.

VII 3. Mitternacht

Der Zeitpunkt „Mitternacht" ist für Evokationen geeignet, weil die Nacht mit dem Jenseits assoziiert worden ist – „Mitternacht" heißt auf englisch „dead of night".

Erfolgreiche Evokationen sind natürlich trotzdem an jedem Ort und zu jeder Zeit möglich.

VII 4.   Kreis und Dreieck

Der Kreis ist das Schutzsymbol für den Magier und das Dreieck vor diesem Kreis das „Gefängnis" für den evozierten Geist, das er nicht verlassen kann.

Ich habe allerdings auch schon von einem Bekannten gehört, daß er das Dreieck in den Kreis und nicht vor den Kreis gezeichnet haben – das hat auch funktioniert …

VII 5.   Magische Zeichen

Die Zeichen, die rings um den Kreis und manchmal auch um das Dreieck gemalt werden, sind Symbole von Gottheiten, Geistern, Engeln, Dämonen usw., die den Kreis schützen und den Geist in dem Dreieck halten sollen.

VII 6.   Kerzen

In manchen Anleitungen steht, daß man Kerzen entzünden soll. Sie scheinen jedoch keine besondere Bedeutung zu haben.

VII 7.   Öle

Manchmal werden die Kerzen mir geweihtem Öl bestrichen, wodurch sie zu einem Schutzsymbol werden – die Kraft der Weihung in dem auf die Kerzen gestrichenen Öl verbreitet sich beim Verbrennen der Kerzen in dem Kreis bzw. rings um den Kreis.

VII 8.   Weihrauch

Der verbrannte Weihrauch soll Lebenskraft freisetzen, die die Geister dann benutzen können, um sichtbar zu werden und sich evtl. auch teilweise zu materialisieren.

Die Ägypter nannten Weihrauch „senetjer", d.h. „das, was göttlich macht" in dem Sinne von „das, was die Gottheit oder den Totengeist in seine Statue ruft". Die Benutzung von Weihrauch bei Evokationen hat also schon eine lange Tradition.

- - -

Axel und ich haben einst überlegt, ob die Geister vielleicht viel Rauch brauchen, um aus diesem Rauch dann telekinetisch ihren Körper zu formen. Also haben wir eine Evokation durchgeführt, bei der wir ca. 50 Räucherkegel auf Teller gesetzt haben, auf die wir zuvor Wachsreste gelegt hatten.

Der Rauch wurde extrem heftig, aber der Effekt war lediglich, daß wir kaum noch atmen konnten und Tür und Fenster aufreißen mußten …

VII 9.   Talismane und Amulette

Bisweilen werden von dem Geisterbeschwörer auch geweihte Gegenstände benutzt, um sich vor den Geistern zu schützen. Das können je nach Tradition sehr verschiedene Dinge sein.

VII 10.   Zauberstab und Wünschelrute

Der Zauberstab ist ursprünglich das Zepter der Seher und Seherinnen gewesen. Er hat den Weltenbaum symbolisiert, der das Diesseits auf der Erde mit dem Jenseits im Himmel verbunden hat. Der Weltenbaum war sozusagen der Arbeitsweg der Seher und Seherinnen.

Mit der Zeit ist der Stab von einem Symbol für die Tätigkeit der Seher zu dem Gefäß der Macht der Seher umgedeutet geworden.

In neuerer Zeit sind die Zauberstäbe manchmal ausgehölt und mit einer „magischen Substanz" gefüllt worden. Diese Methode ist durch die „Harry Potter"-Bücher wieder recht bekannt geworden.

Die Wünschelrute wird eigentlich für das Auffinden von Dingen, die unter der Erde liegen, benutzt, aber manchmal taucht sie auch in den Beschwörungsanleitungen anstelle des Zauberstabes auf – eine Verwechslung, die jedoch nicht verhindert, daß die Evokation erfolgreich sein kann …

VII 11. Texte

Die Geister und insbesondere die Dämonen werden oft mit traditionellen Texten angerufen. Sie können aus zwei bis drei Sätzen bestehen oder auch sehr lang sein.

Man kann die Geister allerdings auch mit frei improvisierten Worten rufen – so wie es z.B. bei afrikanischen Medizinmännern üblich ist.

VII 12. Götter-Anrufung

In den meisten Evokationen, die innerhalb einer monotheistisch geprägten Kultur entstanden sind, ruft der Magier zunächst Gott, dann die Erzengel, dann die Engel usw. an und behauptet zumindestens, daß er im Auftrag des Höchsten handelt: *„Im Namen von ...(Gott)... befehle ich Dir, ...(Geist)..., daß Du ...“*

Der Magier geht den vorgeschrieben Amtsweg und erhält dadurch seine Autorität „von ganz oben“ und ist daher in der Lage, den Dämonen zu befehlen.

VII 13. Dämonen-Namen

Falls ein konkreter Toter oder ein konkreter Dämon (der für einen bestimmten Aufgabenbereich zuständig ist) evoziert wird, ist die Verwendung des Namens dieses Toten bzw. Dämons selbstverständlich.

Das ist wie das Wählen der richtigen Telefonnummer oder das Eingeben der richtigen Internet-Adresse …

VII 14. Gesten

Im Abendland werden bei Invokationen nur wenige Gesten verwendet. Der Magier erhebt manchmal seine Arme, um den Schutz der Götter zu erflehen und er weist dem Dämon mit seinem Zauberstab seinen Platz in dem Dreieck vor dem Kreis an.

VII 15. Tänze

Tänze in Evokationen finden sich eher in Afrika oder im Woodoo als in der europäischen Tradition.

Dafür gibt es in Afrika spezielle Tänze, die von Liedern und Trommeln begleitet werden. Diese Tänze werden vor Festen aufgeführt, wodurch die Toten eingeladen werden, die dann aus dem Busch („Jenseits") in das Dorf kommen. In diesem Zusammenhang ist die Evokation ganz und gar nichts Unheimliches, sondern von der Freude erfüllt, die Geister der verstorbenen Vorfahren wieder um sich spüren zu können.

Für diese Ahnen-Anrufungen werden die großen Ritual-Trommeln („Yokoto") benutzt, die einen sehr tiefen Klang haben.

VII 16. Opfer

Die Opfer haben dieselbe Funktion wie das Verbrennen von Weihrauch: Die freiwerdende Lebenskraft soll dem Geist das Erscheinen erleichtern. Nebenbei macht ein Opfer eine Evokation auch zu etwas Besonderem – man kann schließlich nicht beliebig viel opfern.

Diese Opfer reichen vom Verbrennen von Weihrauch über Speisen und Getränke bis hin zum Opfern von Tieren und Menschen.

Menschenopfer sind allerdings nur aus früheren Kulten in Europa und in Amerika bekannt und nur im Zusammenhang mit Orakeln und mit dem Herbeirufen von Gottheiten. Tote wurden nicht mithilfe von Menschenopfern herbeigerufen – das wäre ein wenig widersprüchlich gewesen …

VIII   Was ist eine Evokation?

Nach den Betrachtungen in diesem Buch kann man die Frage des ersten Kapitels noch einmal stellen und schauen, was sich darüber sagen läßt.

Es läßt sich recht einfach feststellen, daß man bei einer Evokation einen Geist ruft und dann mit ihm spricht. Es ist jedoch deutlich weniger einfach zu sagen, was dabei genau geschieht. Noch schwieriger wird es, wenn man herausfinden will, wann und warum eine Evokation funktioniert – und wann und warum nicht.

VIII 1.   Was geschieht bei einer Evokation?

Bei einer Evokation sieht und hört (und riecht) der Magier einen Geist.

Wenn mehrere Menschen diesen Geist gleichzeitig sehen, sind diese Menschen zumindestens so wie bei einer Gruppen-Traumreise telepathisch miteinander gekoppelt. Auf einer Gruppen-Traumreise sind mehrere Menschen in demselben inneren Bild und sehen dieselben Dinge, bevor der erste von ihnen das Gesehene ausspricht. Es ist offenbar auch möglich, dieses innere Bild kollektiv im Außen zu sehen – d.h. das innere Bild wird kollektiv der optischen Wahrnehmung der Umwelt überlagert.

Wenn das äußere Bild auch fotografiert werden kann, ist entweder wirklich etwas im Außen vorhanden oder das Bild ist per Telekinese auf den Film gekommen.

Es gibt letztlich nichts, wodurch man diese Frage sicher entscheiden könnte, weil es letztlich eben nichts anderes als die Wahrnehmungen gibt.

Daher kann man sagen, daß ein evozierter Geist oder eine Geist-Erscheinung dieselbe Realität haben kann wie jede andere Wahrnehmung auch. Damit weiß man zwar noch immer nicht, was ein Geist ist, der bei einer Evokation erschienen ist – aber das weiß man auch bei einem Apfel nicht viel sicherer.

Wenn bei der Evokation eine Materialisierung auftritt, ist das normale Weltbild, das auf die Materie beschränkt ist, sowieso überfordert, da ein solches Phänomen dem normalen Weltbild zufolge gar nicht vorkommen dürfte. Dann braucht man auch nicht mehr nach der „materiellen Realität" des evozierten Geistes zu fragen …

VIII 2. Wie kann eine Evokation aussehen?

Der Geist kann sich als Telekinese entpuppen – wie beim Pubertäts-Poltergeist.

Der Geist kann immer anwesend sein – wie bei den Totenschädeln im Wohnhaus in der Jungsteinzeit.

Der Geist kann schon da sein – wie bei einem Spukhaus.

Der Geist kann von sich aus kommen – wie mein Vater, der mir beim Verputzen der Wand geholfen hat.

Der Geist kann einem wie bei einer Alltagsbegegnung erscheinen – wie der Lorbeerbaum-Elf.

Der Geist kann sich durch ein Lied gerufen fühlen – wie bei der Adler/Schlange-Vision.

Der Geist kann sich in einem Medium zeigen – wie bei einer Familienaufstellung.

Der Geist kann durch die Beschäftigung mit ihm herbeigezogen werden – wie bei meiner Vision von Christus und Krishna.

Der Geist kann durch eine Meditation herbeigerufen werden – wie bei Christi Verklärung, als Moses und Elias erschienen sind.

Der Geist kann durch eine Traumreise herbeigerufen werden – wie im ägyptischen Bestattungsritual.

Der Geist kann aus seinem Grab hervorgerufen werden – wie beim „Utiseta" der Germanen.

Der Geist kann gerufen werden – wie bei einer rituellen Evokation.

Der Geist kann von einem kollektiven Gebet herbeigezogen werden – wie bei einer Marien-Erscheinung.

Der Geist kann durch eine Gruppe gerufen werden – wie bei einer spiritistischen Sitzung.

Der Geist kann mit großem Nachdruck gerufen werden – wie bei einem Exorzismus.

- - -

Wie diese Übersicht zeigt, können Evokationen sehr vielfältig aussehen: von dem Geist, der sowieso immer anwesend ist, bis hin zu dem Geist, der mit Nachdruck gerufen werden muß.

Auch die Stimmung der Evokation kann sehr verschieden sein: von „vertraut" bei dem Ahnengeist in seinem Schädel im Wohnzimmer über „neugierig" bei der Familienaufstellung bis hin zu „gruselig" bei der Evokation nachts auf dem Friedhof.

Ebenso kann auch der Grund für die Evokation von der Neugier über die Heilungsabsicht bis hin zur Machtgier reichen.

VIII 3.   Wann ist eine Evokation erfolgreich?

Manche Evokationen gelingen unbeabsichtigt – andere gelingen auch mit viel Aufwand nicht … das macht die Erkenntnis, wann eine Evokation funktioniert, nicht gerade einfach.

Zudem geschehen auch recht viele Dinge, mit denen man nicht gerechnet hat: schwebende Lichter, das Husten von Unsichtbaren, Lichtexplosionen in Baumwipfeln, Schwefelgeruch, Materialisierungen, Erscheinungen von Göttern … das ist eher unübersichtlich und unberechenbar.

Immerhin läßt sich sagen, daß eine gewisse Einsgerichtetheit förderlich ist – egal, ob sie nun aus Angst, aus Machtgier, aus einem Nebenbei-Wünschen, aus einem festen Verwurzeltsein in einer Tradition oder aus dem zufälligen Erfüllen aller Voraussetzungen einer Evokation geschieht (wie bei dem Singen des Namens „Tyr").

Das entspricht dem, was man auch sonst in der Magie beobachten kann – die entspannte, widerspruchsfreie Einsgerichtetheit hat die größte magische Wirkung.

IX Warum Evokationen?

Schließlich sollte man auch noch die Frage stellen, wann eine Evokation sinnvoll ist. Die folgenden Gründe dürften am häufigsten auftreten:

Wenn man neugierig auf das Erlebnis selber ist, führt kein Weg um eine eigene Evokation herum.

Wenn man sich auf magische Weise Informationen beschaffen will, reicht eine Traumreise – auf diese Weise läßt sich recht einfach Telepathie ausüben.

Wenn man Kontakt zu einem Geist oder zu einer Gottheit finden will, ist ebenfalls eine Traumreise der einfachste Weg.

Wenn man als Gruppe einen solchen Kontakt erlangen will, ist ebenfalls die Traumreise vorzuziehen. Allerdings wäre ab ca. einem Dutzend Personen die Evokation praktischer, da dabei die Koordination der Anwesenden einfacher wird als auf einer Traumreise, bei der man mit 50 Menschen in demselben inneren Bild unterwegs ist …

Wenn man Hilfe sucht, reicht ein einfaches Ritual, bei dem man sich an eine Gottheit wendet, aber sie nicht evoziert.

- - -

Somit bleiben als Grund für eine Evokation zum einen die Neugier und zum anderen der Kult, an dem viele Menschen beteiligt sind.

X Die Beschwörung des Angantyr

Eine der dramatischsten Schilderungen einer Totenbeschwörung findet sich bei den Germanen in der „Saga über Hervor und König Heidrek den Weisen".

Hervor ist eine Königstochter, die sich als Mann verkleidet hat und ein Wikinger-Drachenschiff befehligt. Sie hat weitgehend den Charakter einer Walküre.

Dann machte Hervor sich bereit, alleine davonzuziehen in der Kleidung und mit den Waffen eines Mannes. Sie kam an einen Ort, an dem einige Wikinger waren und segelte eine zeitlang mit ihnen. Sie nannte sich selber während dieser Zeit Hervard.

Einige Zeit später starb der Kapitän und dieser 'Hervard' übernahm das Kommando der Mannschaft. Als sie zu der Insel Samsey kamen, befahl 'Hervard' ihnen anzulegen, damit 'er' auf die Insel gehen konnte, in deren Hügelgräbern sicherlich große Schätze liegen würden.

Aber alle Männer der Mannschaft waren dagegen und sagten, daß dort in der Nacht üble Wesen umgingen und daß es dort am Tage schon schlimmer sei als an den meisten anderen Orten in der Nacht. Aber schließlich ließen sie den Anker hinab und 'Hervard' stieg in das Beiboot und ruderte zur Küste. 'Er' landete in Munway gerade als die Sonne unterging. Und er traf dort einen Mann, der seine Schafe hütete.

Die junge Frau
traf bei Sonnenuntergang
in der Bucht von Munway
einen Hirten.

Er sprach:

„Wer unter allen Menschen
ist hier zu dieser Insel gekommen?
Eile schnell heim
zu Deinem Haus!"

Sie sprach:

„Heim zu meinem Haus
eile ich nicht,
denn ich kenne niemanden
von dem Inselvolk;
deshalb sage mir schnell
bevor Du gehst:
Wo kann ich
Hjorvards Tal finden?"

Er sprach:

*"Frage mich nicht nach diesem,
Du scheinst nicht weise zu sein,
Prinz der Piraten,
Deine Suche ist schrecklich:
laß uns so schnell fliehen
wie uns unsere Füße tragen!
Das hier draußen ist zu viel
für Menschen!"*

Sie sprach:

*"Hier ist eine wertvolle Halskette
als Bezahlung für ein Gespräch;
Ich bezweifle, daß Du
dem Wikinger-Anführer ausweichen wirst."*

Er sprach:

*"Niemand kann mir
solch wertvolle Edelsteine,
solch wertvolle Schätze geben,
daß ich nicht meinen Weg gehen werde."*

Sie sprach:

*"Laß uns nicht so schnell in Furcht geraten
durch das bißchen Zischen und Knistern,
selbst dann nicht, wenn die ganze Insel
in Feuer auflodert;
laß uns nicht
so schnell
vor gefallenen Helden Angst haben;
komm, laß uns sprechen."*

Er sprach:

„Töricht würde mir
jemand erscheinen,
der von hier aus alleine weitergeht
bei Nacht;
Flammen schlagen empor,
die Hügelgräber stehen offen,
Felder brennen und Sümpfe –
laß uns schneller fortgehen."

Mit schnellen Schritten
eilte der Hirte zum Haus davon,
floh nun weit fort
vor den Worten dieses Mädchens,
aber Hervors Herz
hart-geformt in ihrer Brust
schwoll nun vor Kühnheit,
angesichts dieser Dinge.

Und so lief er davon zu seinem Dorf und sie trennten sich dort. Daraufhin sah sie, wo die Grabfeuer auf der Insel brannten, und sie ging dort hinauf und fürchtete sich nicht, obwohl all die Hügelgräber auf ihrem Weg lagen und die Toten vor ihnen im Freien standen. Sie watete durch die Flammen als ob sie Nebel wären bis sie zu den Hügelgräber der Berserker kam.

Hervors Vater Angantyr und ihr Großvater Arngrim waren Anführer von Berserkern und selber Berserker gewesen.

Nach den Vorstellungen der Germanen loderte des Nachts Feuer aus den Hügelgräbern, in denen noch ein Totengeist wohnte.

Dort rief sie:

„Erwache, Angantyr!
Hervor weckt Dich,
die einzige Tochter
von Dir und Svafa;
reiche mir aus Deinem Grab
diese beste Klinge,
die Zwerge erschaffen haben
für König Sigrlami.

Hervard, Hjorvard,
Hrani, Angantyr,
ihr, die ihr unter Waldwurzeln liegt,
ich wecke euch alle,
mit Schild, mit Brünne,
mit leuchtendem Helm und Harnisch,
einer guten, scharfen Glefe
und einem rotgoldenen Speer.

Eine Glefe ist ein langer Stab, an dem sich vorne ein langes Messer befindet. Die Glefe ist eine einfache Form der Hellebarde, sozusagen ein „Messerspeer".

Eyfura ist die Mutter von Hervors Vater Angantyr. „Eyfuras Junge" ist daher Angantyr.

Nun zu euch,
ihr Söhne des Arngrim:
Gemeine Menschen,
ihr sollt den Moder vermehren,
wenn Eyfuras Junge
heute Nacht nicht einmal
zu mir sprechen will
in der Bucht von Munway.

Hervard, Hjorvard,
Hrani, Angantyr,
ihr sollt an euren Rippen aufgehängt sein,
ihr sollt verrotten
tief in einem Ameisenhügel,
wenn ihr mir nicht
Dvalins Schwert gebt!
Es gehört sich nicht,
daß tote Männer
eine gute Waffe halten!"

Da sprach Angantyr:

„Hervor, Tochter,
was treibt Dich an, mich zu rufen?
Randvoll mit Qual-Runen
steht Dir Leiden bevor.
Du bist nicht mehr bei Sinnen,
verrückt bist Du geworden,
den Verstand hast Du verloren:
tote Männer aufzuwecken!

Nicht hat ein Vater
mein Grab gegraben;
nicht haben meine Eltern
mich bestattet,
auch nicht andere Verwandte;
sie hatten Tyrfing,
die beiden, die lebten,
obwohl es am am Ende
nur einen Besitzer gab."

Sie sprach:

„Es ist eine Lüge was Du sagst –
möge der Gott Dich
gesund in Deinem Hügelgrab erhalten,
wenn Du es wirklich nicht
dort drinnen hast;
Du bist zögerlich
Dein Erbe zu teilen
mit Deinem einzigen Kind."

Da öffnete sich das Hügelgrab und es war, als ob der gesamte Hügel Feuer und
Flamme wäre.

Und Angantyr sprach:

„Das Tor zur Hel steht weit aufgesperrt
und die Gräber öffnen sich,
alles ist Feuer
auf der Höhe der Insel;
es ist schrecklich hier draußen
ringsum anzusehen;
gehe fort, Mädchen,
wenn Du kannst, zu Deinen Schiffen."

Sie antwortete:

„Du kannst heute Nacht
keine großen Feuer anzünden
und auch keine Flammen flackern lassen,
die mich erschrecken könnten;
Das Gemüt Deiner Tochter
zittert nicht
auch wenn ich dort in der Tür
tote Männer sehe."

Da sprach Angantyr:

„Ich sage zu Dir, Hervor,
– hör mir nun zu –,
weise Tochter,
was sein wird:
Dieses Schwert Tyrfing
– versuch' es zu glauben –
wird später, Mädchen,
alle Deine Nachkommen zerstören.

Einen Jungen wirst Du gebären,
dem später das Schwert Tyrfing
gehören wird
und der in seine eigene Stärke vertrauen wird;
die Leute werden den Jungen
Heidrek nennen,
er wird zu dem Größten werden
unter dem Himmelszelt."

Sie rief aus:

„Ich belege diese toten Krieger hier
mit diesem Fluch:
Daß ihr für ewig
hier in euren Särgen liegen sollt,
untot mit den Toten
in dem feuchten Moder;
gib mir, Angantyr,
aus Deinem Hügelgrab
– es hat keinen Sinn, es zu verbergen
der Zwerge Werkstück. "

Er sprach:

„Ich sage, Mädchen,
Du bist nicht wie andere Menschen:
Hier zwischen Hügelgräbern zu reden
in der Nacht
mit zizeliertem Speer
und gotischem Stahl,
mit Helm und in Harnisch
an der Tür zu meiner Halle. "

Da sprach Hervor:

„Ich dachte, daß ich ein Mensch sei
als ich zuhause bei den Lebenden war,
bevor ich hier herab kam
in die Halle von euch toten Männern;
also gib mir aus Deinem Hügelgrab das heraus,
was Rüstungen haßt:
das Verderben der Schilde,
Hjalmars Unglück. "

das, was Rüstungen haßt (zerschlägt) = Schwert
Verderben der Schilde = Schild
Hjalmars Unglück = das Schwert Tyrfing, durch das Hjalmar getötet wurde

Da sprach Angantyr:

*„Hjalmars Unglück
liegt unter meinen Schultern;
die Klinge ist rings umhüllt
von Flammen;
ein einziges Mädchen
da oben auf der Erde, glaube ich,
würde es wagen
diese Glefe in die Hand zu nehmen.“*

Hjalmars Unglück = das Schwert, mit dem Hjalmar getötet worden ist

Hervor sprach:

*„Ich würde sie in meine Hand nehmen
und mich um sie kümmern,
die schneidenscharfe Klinge,
wenn ich sie nur haben könnte;
ich fürchte mich nicht
vor brennendem Feuer
– die Flammen, die ich hier sehe
werden bald verlöscht sein.“*

Da sprach Angantyr:

*„Du bist töricht, Hervor,
aber voller Wagemut,
in das Feuer zu stürmen
mit offenen Augen;
ich denke, ich gebe Dir lieber,
junges Mädchen,
den Spalter aus meiner Grabkammer,
den ich Dir nicht verweigern kann.“*

Hervor sprach:

„Du hast gut gehandelt,
Krieger-Sippenverwandter,
als Du mir aus Deinem Grab
das Schwert gabst;
Ich hätte lieber dieses Schwert,
königlicher Herr,
als ganz Norwegen
unter meiner Herrschaft."

Angantyr sprach:

„Verruchte Frau,
was weißt denn Du?
Es gibt jetzt keinen Grund für Freude
oder glückliche Worte;
diese Klinge Tyrfing
– und das glaube mir jetzt besser –
wird, Mädchen,
alle Deine Nachkommen vernichten."

Sie sagt:

„Ich gehe jetzt
zu meinen Meeres-Rössern;
Die Königstochter
ist nun vergnügt genug;
was kümmern mich
die Vettern von Edlen,
und wie später meine Söhne
mit dieser Sache zurechtkommen?"

Er spricht:

„Du sollst besitzen
und Dich lang daran erfreuen,
aber im Verborgenen bewahren,
was Hjalmar tötete;
ritze Dich nicht an den Schneiden
– an beiden ist Gift –
eines Mannes Schicksal,
schrecklicher als die Pest.

Leb wohl, Tochter,
freiwillig hätte ich Dir
die Leben von zwölf Männern geliehen,
– kannst Du es mir glauben? –
Stärke und Standfestigkeit,
all die stämmige Kraft,
die Arngrims Jungen
hinterließen, als sie starben."

  Sie sprach:

„Ruht nun, ihr alle,
– ich will jetzt gehen –
rüstige Männer in euren Hügelgräbern;
einen Moment lang habe ich fast geglaubt,
daß ich zwischen den Welten
gestanden habe,
als rings um mich
Feuer brannten."

Aus dem Neuschmieden des Tyr-Schwertes in der Unterwelt und der Rückkehr des am Morgen durch die Jenseitsgöttin wiedergeborenen Sonnengott-Göttervaters Tyr ist hier das Holen des Tyr-Schwertes aus dem Hügelgrab durch eine Art Walküren-Frau geworden.

  Dann ging sie zu den Schiffen. Aber als es hell wurde, sah sie, daß die Schiffe fort waren. Die Wikinger hatten sich vor den Donnern und dem Feuer auf der Insel gefürchtet.
  Sie suchte sich eine Überfahrt von dort aus, aber über ihre Fahrten von dort aus ist nichts bekannt, bis sie zu Godmund in Glasisvellir kam und dort den Winter über blieb und sich 'Hervard' nannte.

Bücher von Harry Eilenstein

Astrologie
- Astrologie (496 S.)
- Photo-Astrologie (428 S.)
- Die astrologischen Aspekte (88 S.)
- Horoskop und Seele (120 S.)

Magie
- Handbuch für Zauberlehrlinge (408 S.)
- Telepathie für Anfänger (S.)
- Tarot (104 S.)
- Physik und Magie (184 S.)
- Die Magie-Formel (156 S.)
- Krafttiere – Tiergöttinnen – Tiertänze (112 S.)
- Schwitzhütten (524 S.)

Meditation
- Der Lebenskraftkörper (230 S.)
- Die Chakren (100 S.)
- Das Chakren-System mit den Nebenchakren (296 S.)
- Meditation (140 S.)
- Drachenfeuer (124 S.)
- Reinkarnation (156 S.)

Kabbala
- Kursus der praktischen Kabbala (150 S.)
- Eltern der Erde (450 S.)
- Blüten des Lebensbaumes:
  - Die Struktur des kabbalistischen Lebensbaumes (370 S.)
  - Der kabbalistische Lebensbaum als Forschungshilfsmittel (580 S.)
  - Der kabbalistische Lebensbaum als spirituelle Landkarte (520 S.)

Religion allgemein
- Muttergöttin und Schamanen (168 S.)
- Göbekli Tepe (472 S.)
- Totempfähle (440 S.)
- Christus (60 S.)
- Dakini (80 S.)

- Vajra (76 S.)

Ägypten
- Hathor und Re 1: Götter und Mythen im Alten Ägypten (432 S.)
- Hathor und Re 2: Die altägyptische Religion – Ursprünge, Kult und Magie (396 S.)
- Isis (508 S.)

Indogermanen
- Die Entwicklung der indogermanischen Religionen (700 S.)
- Wurzeln und Zweige der indogermanischen Religion (224 S.)

Germanen
- Die Götter der Germanen (88 Bände)
- Odin (300 S.)

Kelten
- Cernunnos (690 S.)
- Der Kessel von Gundestrup (220 S.)
- Der Chiemsee-Kessel (76)

Psychologie
- Über die Freude (100 S.)
- Das Geheimnis des inneren Friedens (252 S.)
- Das Beziehungsmandala (52 S.)
- Gefühle und ihre Verwandlungen (404 S.)
- einsgerichtet (140 S.)
- Liebe und Eigenständigkeit (216 S.)
- Von innerer Fülle zu äußerem Gedeihen (52 S.)
- Die Symbolik der Krankheiten (76 S.)

Kunst
- Herz des Tanzes – Tanz des Herzens (160 S.)

Drama
- König Athelstan (104 S.)

Die Themen der 88 Bände der Reihe „Die Götter der Germanen"

1. Die Entwicklung der germanischen Religion
2. Lexikon der germanischen Religion

3. Der ursprüngliche Göttervater Tyr
4. Tyr in der Unterwelt: der Schmied Wieland
5. Tyr in der Unterwelt: der Riesenkönig   Teil 1
6. Tyr in der Unterwelt: der Riesenkönig   Teil 2
7. Tyr in der Unterwelt: der Zwergenkönig
8. Der Himmelswächter Heimdall
9. Der Sommergott Baldur
10. Der Meeresgott: Ägir, Hler und Njörd
11. Der Eibengott Ullr
12. Die Zwillingsgötter Alcis
13. Der neue Göttervater Odin   Teil 1
14. Der neue Göttervater Odin   Teil 2
15. Der Fruchtbarkeitsgott Freyr
16. Der Chaos-Gott Loki
17. Der Donnergott Thor
18. Der Priestergott Hönir
19. Die Göttersöhne
20. Die unbekannteren Götter
21. Die Göttermutter Frigg
22. Die Liebesgöttin: Freya und Menglöd
23. Die Erdgöttinnen
24. Die Korngöttin Sif
25. Die Apfel-Göttin Idun
26. Die Hügelgrab-Jenseitsgöttin Hel
27. Die Meeres-Jenseitsgöttin Ran
28. Die unbekannteren Jenseitsgöttinnen
29. Die unbekannteren Göttinnen
30. Die Nornen
31. Die Walküren
32. Die Zwerge
33. Der Urriese Ymir
34. Die Riesen
35. Die Riesinnen
36. Mythologische Wesen
37. Mythologische Priester und Priesterinnen
38. Sigurd/Siegfried
39. Helden und Göttersöhne

40. Die Symbolik der Vögel und Insekten
41. Die Symbolik der Schlangen, Drachen und Ungeheuer
42. Die Symbolik der Herdentiere

43. Die Symbolik der Raubtiere
44. Die Symbolik der Wassertiere und sonstigen Tiere

45. Die Symbolik der Pflanzen
46. Die Symbolik der Farben
47. Die Symbolik der Zahlen
48. Die Symbolik von Sonne, Mond und Sternen
49. Das Jenseits
50. Seelenvogel, Utiseta und Einweihung
51. Wiederzeugung und Wiedergeburt
52. Elemente der Kosmologie
53. Der Weltenbaum
54. Die Symbolik der Himmelsrichtungen und der Jahreszeiten
55. Mythologische Motive

56. Der Tempel
57. Die Einrichtung des Tempels
58. Priesterin – Seherin – Zauberin – Hexe
59. Priester – Seher – Zauberer
60. Rituelle Kleidung und Schmuck
61. Skalden und Skaldinnen
62 Kriegerinnen und Ekstase-Krieger

63. Die Symbolik der Körperteile
64. Magie und Ritual
65. Gestaltwandlungen
66. Magische Waffen
67. Magische Werkzeuge und Gegenstände
68. Zaubersprüche
69. Göttermet
70. Zaubertränke
71. Träume, Omen und Orakel
72. Runen
73. Sozial-religiöse Rituale

74. Weisheiten und Sprichworte
75. Kenningar
76. Rätsel

77. Die vollständige Edda des Snorri Sturluson
78. Frühe Skaldenlieder
79. Mythologische Sagas
80. Hymnen an die germanischen Götter